DE
LA LECTURE
DES
VIEUX ROMANS

PAR

JEAN CHAPELAIN
de l'Académie française

PUBLIÉ POUR LA PREMIÈRE FOIS AVEC DES NOTES

Par ALPHONSE FEILLET

PARIS

Chez AUGUSTE AUBRY, Éditeur
Libraire de la Société des Bibliophiles françois
18, RUE SÉGUIER, 18

M DCCC LXX

DE

LA LECTURE

DES VIEUX ROMANS

Tiré à 307 exemplaires :

250 sur papier vergé fort.
50 sur — vélin fort.
7 sur parchemin de choix.

A Monsieur EMILE TEMPLIER

Hommage d'affectueuse gratitude

PRÉFACE

Madame de Longueville et Boileau ont dit en prose et en vers que la *Pucelle* est « ennuyeuse, » qu'on « baille en la lisant. » Saint-Pavin est encore plus méchant sous sa forme ironique :

>   Rarement on ira chez elle
>   Quand on voudra se réjouir.

Nous ne cherchons pas à infirmer ces jugements justes, malgré leur sévérité; n'oublions pas, toutefois, si nous voulons rester équitable, qu'à côté du mauvais poëte il y avait, dans Chapelain, un véritable érudit, un critique sûr. « Excellent grammairien, dit M. Cousin dans la *Société française au XVII⁰ siècle*, profondément versé dans les littératures grecque, latine, italienne, espagnole, d'une érudition solide et presque universelle, possédant, à défaut du génie de la poésie, tous les secrets de la poétique que peuvent révéler à un esprit bien fait une vaste lecture et une étude assidue, doué par-dessus tout d'un très-grand bon sens, écrivain d'une correction et d'une fermeté peu communes, et, du moins en prose, d'une simplicité qui contrastait avec le style prétentieux et maniéré alors à la mode..., il (*Chapelain*) avait toutes les qualités du vrai critique, la passion désintéressée des lettres, des connaissances étendues, du jugement, de l'ordre, de la méthode. S'il s'en était tenu là, il serait devenu sûrement le premier critique de son siècle. »

Nous venons, par la publication d'un opuscule que nous croyons inédit, *Dialogue sur la lecture des vieux romans*, dédié au coadjuteur de Paris, Paul de Gondi, le futur cardinal de Retz, justifier ce jugement de M. Cousin. Ce petit traité est, à notre avis, bien supérieur au *Discours sur le poëme épique*, que Chapelain mit en tête de l'édition de l'*Adone*, de Marini (1623), et qui commença sa réputation. On y trouvera plusieurs mérites singuliers : d'abord, à une époque où l'on affectait de commencer notre littérature avec le XVIe siècle, Chapelain, mieux instruit de nos origines littéraires, revendique pour le XIIIe et le XIVe siècle le rang que méritent les grands *romans d'aventure*, et que l'Académie des Inscriptions et Belles-Lettres leur a définitivement conquis, de l'aveu du monde savant. En second lieu, sans oser secouer complétement le joug de cette malheureuse *Poétique* d'Aristote, que les pédants d'alors, les Mesnardière, les d'Aubignac, louaient d'autant plus qu'ils la comprenaient moins, cette poétique qu'on voulait imposer à l'Europe, et qui fit dérailler la tragédie française, Chapelain montre excellemment qu'elle est étrangère à nos mœurs, à nos idées, et faite pour une civilisation autre que la nôtre; enfin, la question importante en littérature, du *merveilleux* dans l'épopée, est aussi traitée avec des vues neuves. Enfin, le *Dialogue de la lecture des vieux romans* est une pièce nouvelle, inconnue même à M. Hippolyte Rigault, et la seconde par sa date (1647) qu'il faudra désormais, nous le croyons, introduire dans le dossier de ce grand procès toujours pendant : la *Querelle des Anciens et des Modernes*.

L'auteur, qui penche, avec discrétion, vers les Modernes, se rapproche du moins des Anciens par le plan qu'il a adopté; son libelle est un dialogue à la manière antique : cadre agréable, élastique, commode pour la discussion; les interlocuteurs sont tous des hommes de lettres célèbres alors : Chapelain, Ménage et Sarasin. Un fait prouve d'ailleurs combien la question leur semblait importante, c'est que Sarasin l'a reprise de son côté avec les mêmes interlocuteurs et deux autres amis dans un dialogue intitulé : *S'il faut qu'un jeune homme soit amoureux*.

Dans ce temps, fertile en faux autographes, disons que l'opuscule de Chapelain, exhumé par nous, se trouve en manuscrit à la Bibliothèque de l'Arsenal, dans les *Papiers de Conrart* (tome VIII, in-folio, p. 267-300). On peut donc être complétement rassuré par cette garantie sérieuse d'authenticité.

A. F.

DE

LA LECTURE

DES

VIEUX ROMANS

DIALOGUE

A Monseigneur Jean-François-Paul de GONDY

ARCHEVÊQUE DE CORINTHE
ET COADJUTEUR EN L'ARCHEVÊCHÉ DE PARIS,
DEPUIS CARDINAL DE RETS

Vous vous plaignez, Monseigneur, de n'avoir pas été de la conversation que nous eûmes ces jours passés, Monsieur Ménage (1), Monsieur Sarasin (2) et moi (3), sur la lecture de nos vieux romans, et vous témoignez du regret qu'on y ait dit, sans vous, des choses qu'il n'étoit pas vraisemblable que dût produire un si misérable sujet. Que peut-on répondre à cela, sinon qu'il n'y eut jamais de plus légitime plainte? car, en effet, ce divertissement-là vous étoit dû par mille raisons, et, entre autres, parce qu'il commença, ou du moins qu'il fut conçu en votre présence, au voyage que nous fîmes l'automne passé avec vous (4). Mais, Monseigneur, permettez-nous de nous plaindre, à notre tour, que vous nous ayez manqué en cette occasion ; moi principalement, qui ayant été, je ne sais comment, engagé à y parler le plus, avois un particulier intérêt que vous y fussiez, pour me régler, pour me redresser et pour éclairer mes ténèbres. Vous ignorez si peu de choses, vos lumières sont si grandes, vous avez le jugement si net, vous vous expliquez si clairement, si fortement, si éloquemment, que si vous vous y fussiez rencontré, c'eût été alors qu'on eût pu dire qu'il n'auroit rien manqué à la question pour être véritablement bien agitée (5). Que si c'est une faute que vous n'y ayez pas assisté, c'est une faute que la Fortune a faite et que nous sommes tout prêts à réparer. Nous vous pouvons encore donner le plaisir de cet entretien; les images n'en sont pas tout effacées, et je me fais fort de ma mauvaise mémoire, qu'elle les rappellera facilement et les représentera assez fidèlement pour vous satisfaire. Toutefois, parce que vous n'êtes pas maître de toutes vos heures, et que ce récit ne pourroit se différer, sans courre risque d'être moins exact et perdre beaucoup de ses parties essentielles, il vaut mieux en charger le papier, afin que vous en puissiez avoir le passe-temps, sans être obligé de vous contraindre, et que, sans se faire tort, il puisse attendre votre loisir. Je vous en rapporterai les propres paroles, comme elles furent proférées par chacun de nous, sans y apporter d'autre ornement que celui qu'elles doivent à leur matière, et qui accompagne quelquefois la naïveté d'un discours où il n'y a rien de prémédité.

Si je parlois à un autre qu'à vous, Monseigneur, il seroit nécessaire que je vous dépeignisse l'humeur et les qualités des personnes qui le firent, et vous instruisisse de la bonté, de la doctrine et de l'esprit qui excellent en M. Ménage, et des belles et diverses connoissances que M. Sarasin s'est acquises, jointes à la facilité de son génie, et fortifiées par l'expérience des affaires du monde. Il faudroit que je vous fisse une légère peinture de mes inclinations et de mon entreprise, et qu'en vous découvrant mes défauts, je vous découvrisse aussi ma témérité de m'être embarqué dans un ouvrage si mal proportionné à mes forces. Mais le premier ayant l'honneur d'être à vous depuis si longtemps ; le second occupant une si avantageuse place en votre estime ; et pour ce qui me regarde, étant, à ma honte, si fort connu de vous (6), je ne m'amuserai point à vous en faire un portrait, qui ne seroit bon qu'à nous faire rougir tous trois d'une différente manière (7). Je vous dirai seulement, Monseigneur, sans autre préface, que ces deux Messieurs m'étant venus visiter ensemble, il y a quelques jours, ils me surprirent sur un livre dont vous avez, sans doute, ouï parler, mais que, sans doute aussi, vous n'avez jamais été tenté de lire. M. Ménage, qui est tout dans les anciens Grecs et Latins, et l'érudition duquel ne lui permet qu'à peine d'avouer qu'il y ait rien de louable en quoi que fassent les Modernes (8), me trouvant sur ce livre que les Modernes mêmes ne nomment qu'avec mépris, me dit, suivant sa gaieté accoutumée, en se moquant de moi : « Quoi, c'est donc là le Virgile que vous avez pris pour exemple, et Lancelot (9) est le héros sur lequel vous formez le comte de Dunois (10) ? Je vous avoue que je n'eusse pas attendu cela d'un homme à qui l'Antiquité n'est pas inconnue, et que nous avons ouï parler raisonnablement de ses philosophes, de ses poëtes et de ses orateurs (11). »

Je fus prévenu dans ma réponse par M. Sarasin, qui avoit autrefois pris plaisir à cette sorte de lecture et avec qui je m'en étois entretenu plusieurs fois (12). « Lancelot, dit-il, n'est pas son Virgile, c'est son Ennius (13), dans lequel, comme dans un fumier, il a cru rencontrer quelque rubis ou quelque diamant dont il pût parer sa *Pucelle* (14). J'ai lu ce livre, et ne l'ai point trouvé trop désagréable. Entre les choses qui m'y ont plu, j'y ai vu la source de tous les romans qui, depuis quatre ou cinq siècles, ont fait le plus noble divertissement des Cours de l'Europe, et ont empêché que la barbarie n'occupât le monde entièrement (15).

— Vous le louez, lui dis-je, bien au delà de ce qu'il mérite. C'est un barbare qui a plu à des barbares, mais qui ne l'est pourtant point en tout. Il vaut mieux néanmoins le laisser croire à M. Ménage tel qu'il lui plaira, que de l'obliger à entendre son apologie. Je me contenterai de faire la mienne : car il m'importe qu'il ne s'en aille pas d'ici (16) persuadé que j'aie perdu le goût des bonnes lettres, pour m'avoir trouvé sérieusement appliqué sur un livre qu'il estime très-mauvais, et où il ne pense pas qu'il y ait moins de gothisme dans les choses que dans les caractères. Il sera même bien étonné et se sentira bien ingrat envers moi, lorsqu'il apprendra que je ne m'y étois attaché que pour l'amour de lui. En effet, quand M. Arnauld (17) revint de Dunkerque, cet hiver, chargé d'une si belle conquête, et que cette occasion eut réveillé le désir que j'avois toujours eu de passer les yeux sur ce bouquin, pour y observer un peu le langage et le style de nos ancêtres, je m'y déterminai principalement sur l'espérance que j'eus d'y rencontrer un fonds d'importance pour le *Traité des origines* de notre langue (18), que ce dédaigneux a entrepris, et qui est déjà si avancé ; mais il n'en saura rien davantage. Nous avions fouillé ce trésor pour lui, mais nous le lui tiendrons caché ; nous le donnerons à M. Conrart (19) qui le demande ou pour le même dessin ou pour un plus vaste encore, et Dieu sait s'il en saura faire son profit, avec le grand sens qu'il a et le bon goût qu'il fait paroître en ces matières.

— Si je le croyois, reprit M. Ménage, je serois bien mortifié de la précipitation de mon jugement et me voudrois bien du mal d'avoir méprisé un livre si utile.

— Vous le prendrez au mot, si vous m'en croyez, me dit M. Sarasin, et tandis qu'il est en cette bonne humeur, vous l'accablerez de ces richesses dont il est si mal persuadé.

— Je vous en prie, suivit M. Ménage, et je vous en défie même, si la prière ne suffit pas, afin que, par bonté ou par dépit, vous me fassiez la grâce que je désire et que je n'espère pas !

— Vous pouvez vous la faire vous-même, lui répondis-je, et elle vaut bien peu, si elle ne vaut pas la peine de la chercher. Il n'y a qu'à lire et à remarquer. Quelque mauvais auteur que vous estimiez ce livre, c'est un auteur classique pour vous ; son antiquité l'autorise, et la différence qu'il y a entre son langage et le nôtre ne preuvent que trop son antiquité. Vous aurez le plaisir d'y voir des mots si vieux, qu'ils en sont tout usés, qu'ils sont morts dans la Langue, qu'ils ne sont point intelligibles, ou qu'ils ne le sont que par ce qui va devant, ou par ce qui vient après. Vous y en verrez d'autres si étranges que, ne pouvant les entendre par conjecture ni autrement, vous serez contraint de recourir à M. de Salmonet (20) pour vous éclaircir par la connoissance parfaite qu'il a de sa langue, s'ils n'ont point la racine angloise ou si l'Ecosse ne les a point produits. Vous serez quelquefois en doute par la ressemblance que les dictions et les phrases françoises y ont avec les espagnoles et les italiennes (21), lesquelles en sont les originaux ou les copies. Vous y en verrez un bon nombre qui ne sont plus du tout en usage, mais dont la source n'est pas malaisée à trouver. Au contraire, vous y en rencontrerez qui, depuis un si long temps, ont passé jusqu'à nous, non-seulement dans leur pureté, mais encore dans leur élégance ; en telle sorte qu'elles sont de nos plus agréables expressions, et qu'elles n'ont de cours qu'entre les personnes les mieux disantes. Vous y remarquerez des formations de noms et de verbes, des collocations de pronoms, des omissions d'articles, des constructions et des transpositions qui semblent ridicules à la plupart de ceux qui les lisent, mais qui vous serviront de flambeaux pour retracer plus facilement la dépendance que le François a du Latin. Pour tout dire en un mot, vous y observerez, par la comparaison de ce vieux style, le nouveau, quels changements a soufferts notre langage, comment il a dépouillé peu à peu sa rusticité première, et par quels chemins il a passé pour venir à la douceur et à la majesté, à la politesse et à l'abondance où nous le voyons maintenant. Et ne croyez pas qu'il vous faille battre beaucoup de pays pour trouver des exemples de toutes ces choses. Chaque page, que dis-je chaque page, chaque période, chaque ligne vous en fournira si grande quantité, que si vous êtes embarrassé, ce ne sera que de la multitude. »

M. Ménage, étourdi de mes paroles et ne sachant bonnement qu'en juger, me dit que ces propositions-là étoient magnifiques, et qu'il suffiroit de la moitié pour lui faire avoir bonne opinion du livre, si elles étoient aussi bien prouvées qu'elles étoient hardiment avancées.

Je lui répondis, comme j'avois déjà fait, que la preuve en seroit aisée, et qu'il ne faudroit pas aller loin pour cela, mais que, pour lui apprendre à ne pas croire les gens, je ne la lui donnerois pas et qu'il la prendroit lui-même.

— « Quoi ! dit-il, tant de cruauté, tant de rigueur ? Ne vouloir pas me convaincre, et vouloir que je me convainque moi-même. Si cela est aussi facile que vous le supposez, vous ne me le pouvez refuser de bonne grâce, et ce procédé me rend votre discours suspect. Hé bien, bien, puis qu'il le faut, je le vérifierai et nous verrons tout à loisir s'il y a lieu de vous ajouter foi en tout. Cependant, pour toute faveur, je vous demande un seul exemple de cette élégance, qui est tout ensemble antique et nouvelle, qui a traversé tant d'âges, sans se corrompre, et qui n'est pas moins belle à cette heure, pour avoir été si belle il y a cinq cents ans. Si vous me montrez ce miracle, je n'aurai plus de peine à croire le reste, sans en désirer de plus ample éclaircissement.

— Je veux, lui dis-je, que vous vous en éclaircissiez vous-même, et si je vous accorde l'exemple que vous me demandez, ce n'est qu'à cette condition. Sauroit-on dire maintenant d'une plus noble manière que l'on aime extrêmement quelqu'un, qu'en disant que c'est l'homme du monde que l'on aime le plus ? On parloit toutefois ainsi il y a plus de quatre cents ans, et on le peut montrer par plus de vingt endroits de ce livre.

— Si cette façon de parler, reprit-il, est si ordinaire que vous l'assurez, elle me semble si moderne que j'en tirerois un argument contraire, et qu'au lieu de croire qu'elle est ancienne, parce qu'elle s'y trouve, je croirois, par la méme raison, que le livre ne seroit pas ancien.

— Il y a de l'esprit, lui répliquai-je, à rétorquer cet argument de la sorte, mais il n'y a point de fondement. Car ce livre étant tout rempli de termes où inconnus ou inusités, et ces façons de parler élégantes n'y paroissant que clairsemées, la présomption est bien plus forte pour son antiquité que pour sa nouveauté. Mais nous n'en sommes pas sur la simple présomption. Nous en avons des preuves concluantes et des témoins qui ne peuvent être reprochés. Il y a trois cents ans que Boccace (22) a parlé de Lancelot et de Tristan (23), et de Gallehaut des *îles lointaines* (24), comme des héros célébrés par les écrivains du temps passé. Il y en a près de trois cent cinquante que le Pétrarque (25) a parlé d'eux et de leurs aventures, comme de songes et de rêveries. Plus de trente ans avant lui le Dante (26) allègue Lancelot, comme ayant donné sujet à un événement tragique qui, selon son compte, ne devoit pas être arrivé trop fraîchement. Par là vous voyez clair comme le jour, que ce roman est écrit du moins au-dessus du quatrième siècle (27), et je ne sache guère de livres françois plus anciens, si ce n'est, peut-être, les Chroniques de Joinville (28) et de Villehardouin (29).

— Pour l'antiquité, dit M. Sarasin, elle est indubitable, et il n'y a rien qu'à lire pour n'en point douter ; mais je ne croirois pas qu'elle remontât guère plus haut que le quatrième siècle, et je ne vois point que vous prouviez par bons titres qu'elle aille jusqu'au cinquième.

— Je ne le prétends pas aussi, lui repartis-je ; mais vous, avez-vous de bons titres pour me prouver qu'elle n'y aille pas ?

— Mon titre, me répliqua-t-il, est la négative, si je le veux ; et c'est à vous à nous le montrer. »

Je lui voulois répondre, quand M. Ménage nous dit : « Vous vous débattez sur rien, et il n'importe à la question lequel des deux dit vrai ou non. Car, en matière d'antiquité, je ne mets pas grande différence entre quatre siècles et cinq siècles ; et, si vous m'avez prouvé que le livre est au-dessus de quatre, vous me ferez croire aisément qu'il pourroit bien approcher de cinq.

— Ainsi, dit M. Sarasin, après la preuve qu'on vous en a donnée, on a du moins gagné ce point auprès de vous, que ce bouquin est bon à quelque chose, et que le langage françois peut recevoir une notable illustration par son autorité. Mais, continua-t-il en s'adressant à moi, renfermez-vous tout son mérite dans l'utilité que le langage en peut recevoir ?

— Ne seroit-ce pas assez, lui repartis-je, quand il n'en auroit point d'autre ? Et je vous ai déjà déclaré que, quand je me mis à le lire, je n'y cherchois que celui-là. Je vous avoue néanmoins que les paroles m'ayant forcé de voir les choses, j'y ai rencontré de quoi faire voir à M. Ménage, pour peu qu'il me fâche, que notre langue n'est pas la seule qui en puisse tirer le profit.

— Voilà ce que c'est, s'écria M. Ménage, d'accorder quelque chose à ces messieurs. Au lieu de se contenter de la grâce qu'on leur fait, ils prennent droit par notre facilité d'en prétendre encore de nouvelles. Je verrois volontiers quel autre profit on pourroit tirer de cette misérable carcasse.

— L'horreur et l'aversion même des grossiers et des ignorants.

— Ne me voudrez-vous point faire trouver en ce barbare quelque Homère ou quelque Tite-Live ? Cela ne va à guère moins, selon que vous le proposez.

— Tout doucement, lui dis-je, nous n'avons pas perdu le sens, et nous ne faisons point de comparaisons si odieuses. Nous connoissons la dignité de ces grands hommes, et la bassesse de l'écrivain, quel qu'il puisse être, qui a composé ce roman. Mais la principale différence que nous mettons entre lui et Homère n'est guère que dans le style et dans les expressions des sentiments. Nous voyons le premier tout noble et tout sublime en cette partie, et le second tout rustique et tout rampant ; pour les choses, elles ne sont guères plus vraies les unes que les autres ; et fables pour fables, je ne sais, à les considérer de près, lesquelles sont le plus ingénieusement inventées, ou du moins auxquelles des deux la vraisemblance est le mieux observée.

— Ce n'est pas d'à cette heure, interrompit M. Ménage, que vous êtes de cette opinion-là, et ce que vous dites maintenant me fait souvenir de ce que vous m'avez dit autrefois sur cette matière ; que, comme les poésies d'Homère étaient les fables des Grecs et des Romains, nos vieux romans sont aussi les fables des François et des Anglois.

— Je ne désavoue point le mot, lui répondis-je, et si vous m'en faites souvenir pour me le reprocher, vous n'êtes pas le même homme que vous étiez, quand vous me le louâtes comme une réflexion qu'il ne tient pas à vous que je ne crusse fort belle.

— Je ne vous la reproche pas, me dit-il, je vous l'allègue pour vous montrer que je connois sur quel principe vous fondez votre raisonnement.

— Or, repris-je, Aristote, qui a fait un mystère (? 30) de ce poëte, et qui l'a pris pour prototype de son art, lui a donné la gloire de la régularité, à laquelle il y a peu d'apparence qu'il ait jamais aspiré. Il n'y a qu'heur et malheur en ce monde. Si Aristote revenoit, et qu'il se mît en tête de trouver une matière d'*art poétique* en *Lancelot*, je ne doute point qu'il n'y réussît aussi bien qu'en l'*Iliade* et en l'*Odyssée*, et que son esprit ou son autorité ne suppléât facilement aux inconvénients qui pourroient s'y rencontrer. Je vous puis assurer au moins que la magie qui règne en ce dernier ne lui seroit pas plus malaisée à accommoder à ces règles que les divinités de l'autre l'ont été de la manière qu'il les a employées, quelque sens allégorique que ses creux scoliastes leur aient prétendu donner.

— Mais, me dit M. Sarasin, si vous tenez la magie aussi plausible pour machine poétique que les Divinités d'Homère, comment vous êtes-vous plutôt servi dans votre *Pucelle* des anges et des démons qui rapportent à ces Divinités, que de ces opérations magiques qui ne sont pas seulement établies dans les romans antiques, mais que le Tasse (31) même a introduites dans son poëme, avec tant de succès ? Quelle raison avez-vous eue dans un choix si libre de préférer la vieille mode à la nouvelle ?

— L'argument est *ad hominem*, dit M. Ménage, et presse ; j'en entendrois volontiers la solution.

— Ne doutez point, leur répliquai-je, que la solution n'en soit toute prête ; mais parce que ce seroit une affaire de longue discussion, et qui nous tireroit de celle que nous traitons à cette heure, nous la remettrons à une autre occasion. Cependant, croyez que cette difficulté étant l'une des principales de la poésie moderne, j'en considérai la nature et en examinai le fond, lorsque je fis le plan de mon ouvrage, et que, quand je me résolus à ne me point servir de la magie, ce ne fut pas pour l'estimer mauvaise, mais pour ne la trouver pas naturelle à mon sujet, par les circonstances du temps, du lieu, des personnes et de la trop grande lumière de l'histoire (32). Outre que je désirerois aussi bien plus de discrétion, dans l'emploi de la magie de nos romans que dans celui des Divinités d'Homère. Et puis, à vous parler franchement, ayant à faire un poëme héroïque après tant d'autres, si je me voulois tirer du commun, je le devois faire avec la fleur de l'art et dans une exquise vraisemblance, le soutenant par des machines qui parussent nécessaires, et qui pourtant ne le fussent pas, et montrer qu'on peut poétiser à la chrétienne, sans passer par ce chemin battu de la magie, laquelle ne m'eût laissé aucune gloire d'invention. Mais pour retourner d'où nous sommes partis, songez un peu, je vous prie, comment se présente à l'esprit du lecteur raisonnable ce partage et cette opposition des puissances célestes (33), cette blessure de Mars et de Vénus (34), par un homme mortel, ce Vulcan qui brûle le Scamandre (35), ce Neptune et cet Apollon (36) qui servent de manœuvres à l'atelier des murs de Troie ; et jugez, en votre conscience, si l'allégorie la plus subtile peut satisfaire la raison offensée par de telles absurdités, ou si *Lancelot* contient aucune extravagance à laquelle un spéculatif ne pût donner d'aussi favorables interprétations que les commentateurs d'Homère en ont donné à ces autres-là (37). Je respecte néanmoins l'antiquité d'Homère, et reconnois ingénûment que dans le détail de ses ouvrages il y a des semences d'astronomie, de géographie, d'art oratoire et de philosophie même, qui témoignent l'excellence de sa doctrine et qui le mettent hors de comparaison (38).

— Vous ne l'avez pas mal étrillé au reste, dit M. Sarasin, et c'est bien le moins que vous puissiez dire à son avantage, à moins que de vous déclarer son ennemi en tout.

— Le bien que j'en ai dit n'est pas si petit, lui répondis-je, qu'on pût avec raison m'accuser de n'être pas de ses amis. Que seroit-ce donc, si je l'avois traité à la mode de l'Ecole, et si au lieu que je le mets en beaucoup de choses hors de comparaison, je n'en eusse pas voulu souffrir entre Virgile et lui ?

— Mais, me dit M. Ménage, voudriez-vous point que nous en souffrissions entre *Lancelot* et Tite-Live ?

— Celle, répartis-je, qu'on prétendroit faire entre *Lancelot* et Tite-Live, seroit aussi folle que si l'on vouloit en faire une entre Virgile et Tite-Live, entre la fausseté et la vérité. *Lancelot* n'est point un Tite-Live, parce que les actions qui y sont racontées sont éloignées de toute vérité.

Si, toutefois, il ne lui est pas comparable par la vérité de l'histoire, n'étant composé que d'événements fabuleux, j'oserai dire qu'il lui pourroit être comparé par la vérité des mœurs et des coutumes dont l'un et l'autre fournissent des images parfaites : l'un, des temps dont il a écrit, l'autre, de ceux où il a été écrit.

— Vous vous embarquez là, me dit M. Ménage, dans une étrange affaire, de vouloir donner pour véritable un écrivain qui, par votre aveu, est tout fabuleux. »

M. Sarasin l'interrompant lui dit : « Il ne s'y sera pas engagé légèrement. Avant que de le condamner, il faut l'entendre, et voir par où il en sortira. La chose, à n'en point mentir, est délicate, et mérite bien qu'il s'en explique plus amplement.

— Je suis persuadé, leur répondis-je, de la méditation que j'ai faite là-dessus, et je suis trompé, si vous ne le demeurez, quand je vous l'aurai bien déduite. Je ne vous la donne pourtant que comme une raisonnable conjecture, et il me suffira que vous la receviez dans les seuls termes de probabilité. Pour premier fondement de mon opinion, je mets en fait que le temps où *Lancelot* a été écrit, étoit un temps de profonde ignorance, où toutes les disciplines étoient mortes, et où l'on ne savoit que c'étoit, non-seulement de sciences abstruses et difficiles à concevoir, mais encore d'histoire, de chronologie, ni de cosmographie, que le plus confusément qu'on se sauroit imaginer. Toute la subtilité des hommes s'étoit appliquée à la Théologie scolastique ou aux épines de la Jurisprudence, sans avoir le moindre soupçon qu'il y eût de belles lettres au monde, et sans connoître les Grecs ni les Romains, que de nom seulement (39). Pour second fondement, je pose que tout écrivain qui invente une fable dont les actions humaines font le sujet, ne doit représenter ses personnages, ni les faire agir que conformément aux mœurs et à la créance de son siècle. Surtout s'il n'est éclairé que des lumières qu'il tire de son siècle, puisqu'il est constant que nos idées ne vont guère au delà de ce que nous voyons ou de ce que nous entendons. Comme sa fin est de plaire, s'il la veut obtenir, il la cherchera par les choses dont la persuasion n'est pas difficile; il n'y emploiera que des peintures de ce qui arrive ou se pratique ordinairement, parce que le plaisir n'est que selon la nature ou selon l'usage, et qu'à moins que d'avoir le goût bien dépravé, il est malaisé d'en prendre aux imaginations chimériques; il faut du rapport entre l'objet et la puissance; pour faire acquiescer l'esprit à ce qu'on lui propose, il faut qu'il lui soit naturel ou connu; l'inconnu et l'impossible, bien loin de le satisfaire, n'étant bons qu'à le révolter. Sur ces fondements, je crois vous pouvoir dire que *Lancelot*, qui a été composé dans les ténèbres de notre antiquité moderne, et sans autre lecture que celle du livre du monde, est une relation fidèle, sinon de ce qui arrivoit entre les rois et les chevaliers de ce temps-là, au moins de ce qu'on étoit persuadé qui pouvoit arriver, soit par les vestiges de semblables choses, qui avoient accoutumé de se pratiquer aux siècles précédents. Je crois vous pouvoir assurer encore plus fortement que c'est une représentation naïve, et, s'il faut ainsi dire, une histoire certaine et exacte des mœurs qui régnoient dans les Cours d'alors. Comme les médecins jugent de l'humeur peccante des malades par leurs songes, on peut, par la même raison, juger des mœurs et des actions de ce vieux siècle par les rêveries de ces écrits. Une des raisons qui me confirment le plus dans cette opinion, est le cas que dès lors toute l'Europe fit de cet ouvrage, et l'avidité avec laquelle tous les peuples y cherchèrent du divertissement. La nouveauté, je l'avoue, attire la curiosité des hommes, qui ne s'émeuvent guère des choses qu'ils connoissent déjà. Mais il faut distinguer de nouveauté, et dire que la nouveauté des événements attire les curieux; mais non pas la nouveauté des mœurs, qui étonne et qui blesse plutôt qu'elle ne plaît. Une autre raison qui sert à m'affermir dans cette créance est la grande conformité que nous troûvons entre les coutumes et quelquefois même entre les actions représentées dans ce livre fabuleux et celles que nous voyons écrites dans les histoires gothiques, danoises, angloises et même françoises de ces temps-là, ou des temps plus proches du nôtre ; lisez l'Olaüs Magnus(40), le Saxo Grammaticus (41), les originaux de Polydore Virgile (42) et de Bucanan (43), nos *Vies* de saint Louis, de Bertrand du Guesclin (44), du maréchal de Bouciquaut (45) et du chevalier Bayart (46), nos Froissarts (47) et nos Monstrelets (48); vous y remarquerez, sinon en tout, au moins en partie, des ombres et des traces de ces choses qui sont amplifiées jusqu'à l'excès dans ce roman et dans ses pareils. M. Duchesne me manque bien ici (49) pour fortifier mon sentiment par ses observations, lui à qui il n'est rien échappé de ces matières dans la vaste connoissance que lui avoit acquise de notre antiquité le déterrement de tant de manuscrits et de tant de chartes. En son lieu, j'eusse pu implorer le secours de mon voisin, M. le baron d'Auteuil (50) qui ne lui en doit guère, si j'eusse prévu que vous m'eussiez dû engager dans ce discours. A leur défaut, je vous renvoierai à ce que nous en vient de donner M. de la Colombière (51), dans son *Théâtre de Chevalerie*, et qui pourroit suffire seul pour garant de ce que j'ai ici avancé.

— Cette partie, dit M. Sarasin, ne me laisse difficulté quelconque, et votre méditation et sa preuve m'ont bien plus satisfait que je ne l'avois espéré. Et pour vous témoigner que je ne vous dis point ceci par complaisance, je fortifierai votre preuve d'une autre toute semblable, qui me vient de tomber en l'esprit; puis se tournant vers Ménage : Ne demeurez-vous pas d'accord que les vieilles tapisseries, les vieilles peintures, les vieilles statues qui nous restent de nos pères, sont de vrais originaux des habillements, des coiffures et des chaussures de leurs siècles, et que, comme ces reliques nous représentent les modes d'alors, on peut dire ce que dit M. Chapelain, que ces vieux romans nous peignent au naturel les mœurs et les coutumes de ces mêmes siècles.

— Il y a apparence, dit M. Ménage, et bien que d'abord j'eusse trouvé la proposition bizarre, pour lui faire voir mon ingénuité, je confesse qu'elle me semble raisonnable et que je la croirois véritable, à un besoin.

— Ainsi, leur dis-je, vous tombez d'accord que ce livre est fabuleux et historique tout ensemble, au moins selon ses divers aspects : fabuleux, pour les événements, et historique pour le reste.

— Tombez d'accord aussi, reprit M. Ménage, qu'on n'y rencontre point d'événement qui mérite qu'un homme de bon goût s'y arrête ; que tout art en est banni, que rien n'y surprend, que rien n'y pique, et que, très-souvent, il s'y mêle une certaine simplicité qui approche fort de la niaiserie et de la sottise.

— Je l'avoue très-volontiers, lui dis-je, et encore plus, si vous voulez. Je ne vous ai prêché autre chose tout aujourd'hui. L'auteur est barbare, qui a écrit durant la barbarie et pour des barbares seulement ; il ne s'est jamais douté de ce que c'étoit qu'un plan d'ouvrage, qu'une disposition légitime, qu'un juste rapport des parties, qu'un nœud subtil ni qu'un dénouement naturel. Il va tant que terre le porte ; il est toujours sur une même figure et chante toujours sur un même ton ; il est dur, il est raboteux, il est l'antipode des grâces. Pour tout recours en ses embarras, il n'a que la seule magie qui est toujours à son commandement, et dont il fait un art aussi commun et aussi facile que le sont ceux des tailleurs d'habits ou des raccommodeurs de bottes. Enfin on peut dire qu'il est entièrement dépourvu d'esprit, et qu'on ne sauroit lire une seule page, sans bailler et sans avoir mal à la tête. Je n'estime pas aussi que vous me croyez le goût assez mauvais pour y avoir cherché autre chose que la langue, lorsque j'ai dérobé à mes affaires le temps qu'il falloit pour le feuilleter. Je vous fais la mesure assez bonne, ce me semble, et vous en dis autant de mal que vous en pouvez souhaiter. En récompense, je vous demande, à mon tour, que vous me croyiez, sur parole, qu'il contient tout le bien que je vous en ai dit, et plus encore, s'il est possible.

— Quel bien en pouvez-vous plus dire, me répliqua M. Ménage, après celui que vous en avez dit, quand vous avez assuré qu'il étoit l'historien des mœurs de son temps, et que l'on y trouvoit le supplément des Annales qui nous en restent, lesquelles ne nous apprennent que la naissance et la mort des princes, avec les accidents qui y ont signalé leurs règnes ; au lieu que ce livre, de la sorte que vous nous le dépeignez, nous familiarise avec eux et nous montre le fond de leur âme ?

— Dites, continua M. Sarasin, voyant qu'il s'arrêtoit là, au lieu qu'il nous découvre leur génie et celui de leurs courtisans ; qu'il nous enseigne de quelle manière ils conversoient ensemble ; qu'il nous fait voir comment ils étoient imbus des maximes du véritable honneur, comment ils observoient religieusement leur parole, comment ils se prenoient à leurs galanteries ; jusques où ils étoient capables de porter une amitié honnête ; quelle reconnoissance ils témoignoient des biens faits, quelle haute idée ils s'étoient formée de la vaillance, et enfin quels sentiments ils avoient pour le Ciel, et quel respect pour les choses saintes.

— Si M. Sarasin, dis-je à M. Ménage, avoit ajouté les coutumes qu'ils suivoient inviolablement, il ne m'auroit rien laissé à dire sur cette matière ; car, à cela près, et vous et lui avez tout dit ; ce qui n'est pas toutefois si peu, à qui le considérera bien, que, quand vous trouverez tout cela véritable, vous ne soyez contraint de dire que ce méchant livre ne laisse pas d'être un bon livre, et qu'on en peut tirer un profit qu'il seroit malaisé de tirer d'ailleurs. »

Je m'étois tu après ces paroles, et M. Ménage ne pensoit point à poursuivre davantage ce discours, dont il faisoit paroître par son silence qu'il demeuroit assez satisfait, lorsque

M. Sarasin reprit : « S'il ne vous en vouloit pas croire, à votre parole, je l'attesterai par la mienne et de plus par mon serment, s'il en est besoin, comme témoin *de visu*; car j'ai vu dans ce livre tout ce que vous y avez vu, et si je ne l'eusse point lu, je n'eusse pu y faire les réflexions que vous y avez faites et qui ne reçoivent point de contradiction. Aussi vous dirai-je que tout ce que vous pourriez ajouter à ce que vous avez dit, pour une plus grande explication de cette matière, seroit superflu à mon égard; mais à l'égard de M. Ménage, il n'en doit pas être de même, puisqu'il n'a point vu ce que j'ai vu, et qu'à la rigueur il n'est pas obligé de nous croire sans preuve. »

Je lui répliquai : « s'il ne pouvoit pas s'en éclaircir lui-même, si nous lui défendions la lecture du livre, si nous voulions qu'il nous crût par foi, vous auriez raison d'en parler de la sorte, et de m'en demander la preuve pour lui.

— Et puis, n'est-ce pas assez discouru sur un sujet aussi diffamé que celui-là ? N'est-ce pas avoir assez croupi dans le fond de la barbarie, et, poursuivit M. Sarasin, se tournant vers M. Ménage, comme diroit votre Mamurra (52), dans la cloaque des siècles caligineux et dans la sentine des nations apedeftes (53)?

— Il ne tient qu'à moi, me dit M. Ménage, de prendre cela pour une défaite, et de douter par là de tout ce que vous avez allégué jusqu'ici.

— Voilà, lui répartis-je, le témoin *de visu* qui vous le fait bon, et quand vous douteriez de ma parole, vous seriez obligé de respecter la sienne, et de ne changer pas sitôt d'opinion.

— Je lui permets de douter de ma foi, dit alors M. Sarasin, aussi bien que de la vôtre, plutôt que de souffrir que vous demeuriez en si beau chemin, puisqu'il s'agit de confirmer en la sienne un nouveau converti.

— Mais, lui dis-je, puisque vous le jugez nécessaire, faites-le, vous, qui pouvez le faire incomparablement mieux que moi, et qui avez pour cela toutes les grâces qui me manquent.

— Je ne m'attrappe point à ces cajoleries, me répliqua-t-il, et M. Ménage ne prendroit pas ainsi le change, quand je serois assez vain pour croire qu'il ne perdroit rien en le prenant.

— Si faut-il, lui dis-je, que vous ayez votre part de la peine, et ne pensez pas passer ici pour beau.

— Pour avoir paix à vous, dit-il, j'aime mieux vous promettre de l'entretenir amplement, quand il voudra, sur quelqu'une des parties que je n'ai fait que désigner, à condition que maintenant vous lui en donnerez un essai de chacune, afin qu'avant de vous quitter, il sache que nous sommes gens de bien, et que nous n'assurons rien qu'à bon titre. Je n'entends pas que vous traitiez les matières à fond. Il vous faudroit plus de temps et plus d'haleine. Il suffira d'un sommaire discours et de quelques légères touches, pour le contenter, en attendant mieux.

— Je vois bien, lui répondis-je, qu'il n'y a pas moyen de s'en défendre, et puisque vous êtes chez moi, où vous êtes les maîtres, et où il y aurait de l'incivilité à ne vous pas obéir.

Je dirai donc à M. Ménage, qu'on voit, en ce roman plus clairement qu'en aucune histoire de ce temps-là, combien l'Europe étoit chrétienne, je veux dire combien ses peuples étoient véritablement attachés au culte divin. En voici quelques marques : figurez-vous ces Chevaliers, si pressés que vous voudrez dans leurs périlleuses quêtes (54), soit pour la conservation de leur honneur, soit pour le secours de quelque personne opprimée; il ne se passe point de jour néanmoins que l'auteur ne leur fasse entendre la messe, et l'on ne voit autre chose en tout son livre que le soin régulier qu'il leur en fait avoir, jusqu'à leur mettre quelquefois ces paroles dans la bouche : « Je ne l'ai perdue jour de ma vie, tant qu'il a été en mon pouvoir. » Les engage-t-il dans une entreprise douteuse, il les fait tourner vers quelque monstier, et comme pour le rendre garant de leur promesse, proférer tout haut devant lui les termes de leur engagement, ou bien il leur fait présenter les reliques pour jurer dessus, qu'ils feront ce qu'ils entreprennent, qui est ce qu'ils appellent *jurer les saints*. Je ne vous dis rien de son fameux *Saint-Graal* (55), de ses apparitions inopinées, de ses difficiles aventures, ni des conditions de virginité, de pureté, d'innocence qu'il veut qui se trouvent en la personne du chevalier destiné pour les mettre à fin.

— Nous croyons aisément cela, me dit M. Ménage, après ce que nous avons appris du zèle de ces vieux temps par les relations de l'évêque de Tyr (56), et du sieur de Joinville, et par les autres histoires des Croisades, qui ont fait tant de bruit au levant et au midi.

— Vous le croyez, lui répondis-je, sur la foi de ces auteurs, qui sont sans doute beaucoup meilleurs que celui-ci; mais vous ne le croyez que pour ce qu'ils en rapportent assez généralement; au lieu que par celui-ci vous le voyez dans les actions particulières et dans les paroles mêmes de ses personnages, telles que les faisoient et les proféroient les véritables hommes de ces temps-là. Que si nous n'avions point résolu de couler légèrement sur chacune des matières, on vous le montreroit évidemment par une infinité d'exemples, qui ne vous laisseroient point douter de la puissante impression que la Religion avoit faite en leurs esprits, ni de la sincérité et de la révérence avec lesquelles ils se soumettoient à ses mystères.

— Vous ne dites point avec quelle connoissance, répartit M. Ménage?

— Je vous ai déjà déclaré, lui dis-je, leur profonde ignorance en toutes choses. Mais qu'importe de leur lumière et de leur connoissance, où il ne s'agit que de leur piété et de leur foi ?

— En effet, dit-il, ils avoient besoin d'une ignorance bien profonde pour faire compatir la bonté et la vertu qu'on leur attribue avec les violences et les insultes qu'on dit que cet auteur leur fait faire aux passants, d'où les uns ou les autres sortent rarement sans y laisser les bottes. Il falloit vivre dans des ténèbres bien épaisses pour penser accommoder la licence de l'impudicité avec la dévotion la plus humble, comme si le meurtre et l'impureté pratiqués sans remords et sans scrupule n'avoient rien de contraire aux saintes lois que ces Chevaliers faisoient profession de suivre si exactement. Il y a apparence que les princes de ce temps-là étoient de grands brutaux et qu'ils se connoissoient bien mal en police. Les nôtres sont bien plus fins, si vous y prenez garde, d'avoir supprimé ces chevaliers bizarres et introduit en leur place des chevaliers du guet (57), par le moyen desquels ils remédient à ces désordres, qui, sans cela, auroient détruit la société.

—Ces vieux princes et leurs vieux sujets, lui dis-je, avoient toute la provision d'ignorance qu'il leur falloit pour l'accommodement dont vous parlez. Ils estimoient que toute la Religion consistoit à croire fermement en Jésus-Christ, et pour le reste ne faisoient pas grande réflexion sur le bien et sur le mal, en matière d'inclinations naturelles. Les prêtres eux-mêmes ne savoient que lire, et n'instruisoient le peuple qu'avec le prône, comme il étoit couché dans leurs Cérémoniaux. S'il arrivoit à quelqu'un d'eux de s'adonner aux belles-lettres ou d'élever son esprit à la contemplation des cieux, il passait aussitôt pour magicien ou pour hérétique (58). Les autres hommes, surtout les chevaliers, ne savoient autre chose que se bien battre, et les dames que bien aimer ceux qui se battoient bien. C'étoient là les maximes uniques sur lesquelles ils régloient leurs actions et leurs sentiments.

— Quels animaux me représentez-vous là, me dit M. Ménage, quels *silvestres homines*, etc. (59)?

— Je vous les représente tels qu'ils étoient, lui répondis-je ; et quoiqu'à les regarder du côté que vous faites, il n'y puisse rien y avoir de plus animal ni de plus sauvage, si l'on les regarde d'un autre côté et qu'on en veuille chercher la racine, il ne seroit pas impossible d'y trouver quelque image de raison ou de faire voir, au moins, qu'ils n'étoient pas tout à fait brutes.

— Voyons cela, je vous supplie, dit M. Sarasin, car pour ce point, je vous avoue que je suis du parti de M. Ménage, et que je ne vois pas comment ils se peuvent excuser.

— Chacun sait, leur dis-je, que les peuples du Nord ont toujours mis la justice dans la force et qu'ils n'ont bien connu de vertu que la valeur. Ils ont senti en eux-mêmes que le courage étoit l'instrument de la commodité et de la sûreté de la vie, et que, sans lui, il ne falloit point songer à augmenter son bien ni à le conserver. Imbus de cette opinion et dépourvus de toute autre lumière, on remarque qu'ils ont fondé toute leur politique sur la seule puissance, et que, quand ils ont formé des Etats, ç'a toujours été des Etats militaires. Sans avoir ouï parler d'Achille, chacun d'eux a fait l'Achille, qui

« *Jura negat sibi nata, nihil non arrogat armis* (60). »

Je sais bien que l'on connoît mal la manière de leur ancien gouvernement, comme il étoit dans le détroit de leurs terres natales, de la Gothie et de la Scandie, de la Sarmatie et de la Scythie; mais on le juge facilement par ces essaims de peuples qui en sont autrefois sortis, et qui, sous les noms de Cimbres, de Teutons, de Huns, de Goths, d'Alains, de Danois et de Normands, ont couvert et asservi l'Europe en toutes ses parties. Ils ne faisoient consister leur droit que dans celui qu'on nomme de bienséance, et exerçoient le brigandage et la violence sous le titre de conquête, à peu près comme Alexandre l'a fait. Lors même que, par succession de temps, ils se sont avisés que la Justice était une pièce nécessaire pour entretenir la société, et pour donner de l'affermissement à leurs usurpations, quand ils ont trouvé à propos de s'en servir, ils n'en ont pas voulu fier la dispensation aux lois. Les plus sages d'entre eux ont estimé qu'en matière de crimes, c'étoit assez pour les punir, de les penser connoître, et que, pourvu qu'ils y agissent de bonne foi, ils en pouvoient être les juges et les bourreaux. Sur cela étoient fondées les fausses ou les véritables quêtes de leurs aventures, pour le soulagement des foibles et pour le châtiment des méchants, de quoi ils recevoient la commission en forme de mission, lors qu'ils recevoient l'ordre de chevalerie.

— De sorte, dit M. Ménage, que c'étoit comme autant de prévôts que les Princes lâchoient sur les brigands et qu'ils mettoient aux trousses des faux-sauniers et des faux-monnoyeurs.

— De sorte, lui dis-je, que c'étoit comme autant d'Hercules, envoyés par leurs Eurysthées (61), pour purger la terre de monstres et de tyrans. A vous dire vrai, je ne vois pas grande différence entre l'errant Hercule et l'errant Lancelot; et qui voudra faire droit à tout le monde, trouvera que Lancelot et ses semblables n'étoient autre chose que des Hercules, et qu'Hercule et ses semblables n'étoient autre chose que des Lancelots. Mais, pour reprendre notre discours, de cette coutume d'exercer la justice par soi-même a passé jusqu'à nous celle de ne vouloir point être satisfait d'une offense à l'honneur par la voie du magistrat ou du prince, lesquels Dieu et la raison n'ont pas moins établis pour cela que pour les larcins et pour les assassinats; et de n'en souffrir la réparation que par nos mains, comme si l'honneur d'un homme d'épée ne se pouvoit réparer que par l'épée, non par celle de la justice, mais par celle du particulier qui se tient offensé. Et cet abus, messieurs, est un reste de l'ancienne brutalité des François que la lumière de l'Évangile et l'autorité des lois n'ont encore pu déraciner des âmes de leurs descendants. De là viennent ces autres coutumes, non moins barbares, qui se conservent toujours dans l'Écosse et dans ses îles, et celles que les forêts inaccessibles d'Irlande ont empêché, depuis tant de siècles, de se perdre ou de se corriger, soit pour la tyrannie des seigneurs et la servitude des vassaux ; soit pour la liberté et la pureté des mariages ; soit enfin pour la sûreté des faibles contre la violence effrénée de leurs voisins puissants. Tout cela veut dire que les Anglois et les François étant les successeurs de ces peuples brutaux, avant que l'expérience et les enseignements eussent déraciné leurs rustiques habitudes, ils gardoient apparemment les mêmes façons d'agir, et mettoient tout leur avantage dans la valeur, pour s'en servir ou à étendre leur domination ou à en conserver l'étendue. La justice n'étoit presque comptée pour rien parmi eux, et c'étoit beaucoup quand les princes la rendoient une fois en leur vie, en faisant la visite de leurs provinces, comme il se pratique encore aujourd'hui parmi les septentrionaux (62). L'état ecclésiastique étoit renfermé dans les hermitages et dans les monstiers ; la seule valeur régnoit par elle-même, et à elle seule les plaisirs et les honneurs étoient réservés. C'étoit l'état favori et le bras unique du monarque, lequel, pour les fins que j'ai alléguées, nourrissoit cette vertu par tous les moyens que ces temps grossiers et la disposition des esprits sensuels de la jeunesse pouvoient fournir à son imagination. Pour cela fut inventée cette *Table Ronde* (63), qui n'étoit autre chose qu'un ordre pareil à celui de la Jarretière (64), et qui n'admettoit à cet honneur que ceux qui, par des actions de souveraine vaillance, méritoient d'être faits compagnons du Roi. D'où il arrivoit que ceux qui avoient obtenu cette suprême grâce mouroient plutôt cent fois que de manquer de foi à leur seigneur, et de perdre l'estime de brave, en refusant les périls, ou même en ne les cherchant pas. Et parce que la valeur est en son trône dans le cœur des jeunes gens, et que le cœur des personnes de cet âge n'est guère sensible qu'à l'amour de la gloire et à celui des dames, afin de fortifier le premier par le dernier, la politique de ces vieux temps fit passer en forme de loi, que les cœurs des Dames seroient le prix du courage, aiguisant la fidélité que les vassaux devoient à leurs seigneurs par l'espérance, non-seulement de la gloire, mais encore du plaisir que produit la possession de la beauté (65). Pour cela, les princes avoient établi dans leurs cours la galanterie tout ouverte, ainsi qu'une chose louable. Ce qui a été imité, entre les cours modernes, dans celles d'Isabelle de Castille et de Catherine de Médicis (66), avec cette seule différence, qu'en celles-là il étoit égal qu'il y eut vilenie ou non, chaque dame pouvant satisfaire son amant sans en être plus deshonorée. Cela se pratiquoit à la naturelle, par la connivence ou pour mieux dire par l'induction des rois, que la pudeur et la cruauté des dames incommodoient pour leurs fins, comme propres seulement à rebuter les chevaliers, qui n'étoient plus assez honnêtes gens pour être menés de longue et ne se connoissoient point à aimer platoniquement. Les mêmes princes, pour les mêmes fins, avoient mis dans l'esprit des dames, que de toutes les vertus la valeur étoit la seule considérable dans les chevaliers, et que si elles y pouvoient désirer quelque autre chose, c'étoit la fidélité dans l'amour.

— Et pour elles, dit M. Sarasin, l'obligation étoit réciproque en ce dernier point, et ce qui en est de plaisant, ces messieurs les législateurs vouloient que les maîtresses fussent fidèles à leurs galants, quand elles eussent pu leur manquer sans être découvertes, au même temps qu'ils permettoient aux femmes d'être infidèles à leurs maris, pourvu que le scandale en fût dehors.

— Ces choses supposées, repris-je....

— C'est bien dit, supposées, interrompit M. Ménage, car je n'en vois point de preuves, et je vous embarrasserois bien, si je vous les allois nier.

— Je n'ai point, lui dis-je, d'auteur formel par qui je vous le puisse prouver, que l'auteur de *Lancelot* même, celui de *Tristan*, et toute cette foule d'écrivains de romans antiques, de *Merlin* (67), d'*Artus* (68), de *Perceforêt* (69) qui tous conviennent des mêmes choses, et qui ont tous écrit en un temps où les esprits n'étoient pas fort inventifs, ni capables au moins d'agir contre les mœurs et les coutumes de leurs siècles. Et cette conformité de tant d'écrivains avec les circonstances alléguées peuvent passer pour une demi-preuve; ce qui suffit en cette matière, où je ne vous ai promis que de raisonnables conjectures, soutenables seulement devant des gens aussi accommodants que vous. Mais, comme ce qui vous rend ma supposition plus suspecte est ce que je vous dis de la facilité des dames d'alors, fondée sur la persuasion que cela se pouvoit sans se deshonorer, je crois vous la rendre plus que vraisemblable par la coutume entretenue dans l'Écosse, longtemps depuis le christianisme reçu, que les rois eussent les prémices des noces de leurs principales dames, et les grands seigneurs un pareil tribut de celles de leurs vassales, coutume autrefois pratiquée en Normandie (70), comme il apparoît par le droit que certains seigneurs y lèvent encore, à ce titre, aux mariages de leurs sujets. Or, qui considérera bien cette institution, il la trouvera de même nature que celle que je suppose, sur la foi des romans, hormis qu'elle est encore plus condamnable, puisqu'elle n'avoit point l'excuse de l'amour, et n'étoit qu'une brutalité pure. Ces choses donc supposées, il ne faut pas grande subtilité pour conclure qu'encore que l'expédient pris par ces princes fût violent et deshonnête, il ne laissoit pas toutefois d'aller à leurs fins; et que, si du côté de l'équité et de la pudeur, ils n'en étoient pas excusables, ils le pourroient être du côté du raisonnement et de la nécessité, puisque leur peu d'industrie ne leur faisoit point voir d'autre moyen de se maintenir et de s'étendre.

— Si ce point-là n'est bien prouvé, dit M. Sarasin, il n'est pas, au moins, mal coloré, et je me sens tenté de le croire.

— Si M. Ménage, lui répliquai-je, avoit la même tentation, il me suffiroit et je n'en demanderois pas davantage.

— Je ne vous en dirai point mon sentiment, répondit M. Ménage, parce que je balance toujours, et que ma résolution n'est pas encore bien formée.

— Je ne suis pas d'avis, dit M. Sarasin, que nous attendions votre résolution, et il vaut mieux, me dit-il en se tournant vers moi, que vous continuiez à lui montrer les autres bonnes qualités de ce livre, suivant vos observations et vos réflexions.

— Vidons cela en peu de mots, lui dis-je, puisque notre parole nous y engage, et gardons-nous bien d'être aussi longs dans les articles qui restent que nous l'avons été en celui-ci. Premièrement, la manière de converser entre ces chevaliers et ces dames, c'est-à-dire, selon ma supposition, celle du temps où ce livre fut écrit, est ou simple et naïve, sans gentillesse et sans agrément, mais de bon sens, claire et laconique, à ne rien dire que de nécessaire, et à dire tout ce qu'il falloit, *morata* plutôt qu'*urbana*; telle à peu près que celle des Romains du temps de Numa; en un mot, peu galante et fort solide. Par là vous voyez que ce n'est pas un livre fort piquant et où l'on puisse apprendre à être de fort bonne compagnie. En récompense, vous y pouvez voir la peinture de l'esprit de ce vieux siècle; vous y pouvez voir jusqu'où sa barbarie s'avançoit vers la raison; enfin, vous y pouvez voir quel progrès a fait la nation françoise depuis quatre ou cinq cents ans, non-seulement dans la langue, mais encore dans le discours, ce qui n'est pas une spéculation désagréable, ni une connoissance tout à fait sans profit. On peut remarquer, outre cela, dans ces rustiques aventures, combien l'amour de l'équité et la haine de l'injustice avoient jeté de profondes racines dans le cœur des chevaliers errants, selon qu'ils les concevoient; de sorte que les violences qu'ils exerçoient dans leurs combats contre ceux qu'ils rencontroient en leurs quêtes, avoient le plus souvent pour objet d'autres violences faites aux dames, aux orphelins et généralement aux foibles et aux gens de bien.

Par où l'on peut s'élever à une contemplation bien différente de la dernière, si l'on veut prendre garde combien les siècles plus voisins du nôtre, à mesure qu'ils se sont approchés de la lumière, se sont reculés de la vertu, et considérer dans quels désordres de vie et de corruption les âmes y sont tombées, en mangeant, s'il faut ainsi dire, du fruit qui leur a montré le bien et le mal. Mais s'il y a rien dans cette lecture qui m'y plaise, c'est le haut point d'honneur dont chacun de ces chevaliers fait une profession exacte, et la crainte perpétuelle qu'ils ont de rien faire et de rien dire, dont leur réputation puisse souffrir la moindre tache, ni qu'ils se puissent reprocher à eux-mêmes, quand il ne seroit su que d'eux seuls. Si rien m'y touche, c'est cette jalousie de leur parole, cette maxime d'observer toujours ponctuellement ce qu'ils ont promis : morale digne de l'admiration des âges illuminés, et qui, par sa constante pratique, laisse bien loin derrière soi la fanfare de la théorie des préceptes. Car, bien que ces chevaliers promettent souvent avec beaucoup de légèreté et qu'ils tiennent souvent leurs promesses en des occasions impertinentes, ce qu'il y a à redire, est l'impertinence de l'écrivain qui invente mal et qui applique mal cette vertu ; mais ce qu'il y a à estimer est cette intention fixe et résolue des hommes d'alors de ne fausser jamais leur parole, quelque mal qui leur en pût arriver.

Que vous dirai-je de la reconnoissance immortelle des grâces qu'on leur faisoit, des souhaits et des diligences qu'ils faisoient pour trouver jour à s'en revancher, et de l'opinion qu'ils avoient d'en demeurer toujours obligés, même après les avoir payés au double ? Je comprends là-dessous leur sensible déplaisir, quand ils croyoient n'avoir pas montré un assez grand ressentiment des offices reçus, et la pénitence qu'ils s'en ordonnoient à eux-mêmes. Ce sont des vertus communes aux principaux personnages de ce livre, et que l'on y voit si uniformes, qu'on ne sauroit douter qu'elles fussent ordinaires en ces vieux temps, si l'on se souvient de ce que j'ai supposé, que l'écrivain ne pouvoit donner à ses héros, pour plaire à son siècle, d'autres mœurs que celles de son siècle. Je vous laisse à juger si de si nobles mouvements et des habitudes si louables peuvent jeter de mauvaises semences dans l'âme de leurs lecteurs; si les chevaliers qui les possédoient n'étoient pas d'honnêtes barbares et d'estimables lourdauds, et s'il n'y a pas à s'étonner que notre habileté puisse être éclairée dans son devoir par leur ignorance; que de tels aveugles puissent servir de guides à des clairvoyants comme nous; enfin, qu'ils eussent de si grandes vertus, dans les purs termes de la nature, et que nous soyons si couverts de vices, au milieu des enseignements de l'art.

Quant à la valeur, elle est en sa plus haute élévation chez eux; je ne dis point par la grandeur de leurs actions, qui sont presque toujours hyperboliques et impossibles, mais pour le grand mépris de la vie aux moindres occasions d'honneur, par leur généreux procédé dans les combats et par la confession ingénue de leur désavantage, lorsqu'ils y avoient du pire. Je veux qu'en cela notre siècle les égale, et que, parmi notre noblesse, il n'y ait guère de lâches, capables d'une supercherie ou du désaveu d'une faveur reçue. Je maintiens seulement que ces grossiers du temps passé, qui ne pipoient à aucune autre chose, étoient, en celle qui regarde les combats singuliers, aussi fins que nous le saurions être; et qu'en matière de franchise, de civilité, de courtoisie, de modestie à parler de soi, aussi bien que de vigueur et de bravoure, s'ils ne nous surpassoient, ne nous en devoient rien au moins, et se pouvoient vanter d'avoir porté cette partie de la vertu militaire au raffinement où nous le voyons aujourd'hui, c'est-à-dire de nous l'avoir enseignée, qui est presque la seule bonne leçon que nous en ayons voulu prendre. Si nous voulons parler maintenant de leur parfaite amitié, fondée sur l'estime et sur la vertu, qui aima jamais plus noblement et plus ardemment que Lancelot aima Gallehaut, ou, pour mieux dire, que Gallehaut aima Lancelot, aussitôt qu'il eut été éclairci de son mérite extraordinaire ?

Voyez-en les effets. A sa considération seule, il donna au roi Artus la vie avec le royaume qu'il lui avoit presque tout ôté, et, pour comble de déférence, il lui demanda pardon de sa victoire, et offrit de lui rendre hommage de ses propres États. Il souffrit que Genièvre (71) eût plus de part en Lancelot que lui. Pour l'amour de Lancelot, il la retira quand Artus l'eut chassée de Logres (72); enfin, il mourut de douleur à la nouvelle de la mort de Lancelot. Achille n'aima pas tant Patrocle, ni Thésée Pirithoüs (73), et il n'y a rien d'approchant dans le *Toxaris* (74), quoiqu'il ait été composé pour l'idée de l'amitié parfaite, et que, depuis une si longue suite d'années, les savants ne se soient rien imaginé de plus accompli. Ces temps-ci ne fournissent point d'exemples qui lui soient comparables; que dis-je, n'en fournissent point? ils n'en conçoivent pas même, ou, s'ils les avoient conçus, ils s'en moqueroient comme d'imaginations creuses, et tiendroient pour insensé celui qui seroit échauffé d'une aussi belle passion.

— Mais quand nous vous accorderions tout cela, me dit M. Ménage, et que nous vous passerions tous ces articles pour bons, comment vous tirerez-vous de celui de la galanterie de vos anciens chevaliers, laquelle ne sauroit avoir été fort estimable, puisque, par votre propre concession, tout esprit leur manquoit?

— Je n'ai pas entrepris, lui répondis-je, de justifier ce roman en toutes choses, et de la façon que je vous en ai parlé, vous vous êtes bien pu apercevoir que j'étois fort éloigné de l'approuver en tout. Et à vous en dire mon sentiment, ce point de la galanterie de Lancelot est un de ceux que je ne voudrois pas me charger de défendre, pour ce que je suis persuadé, qu'encore il y puisse avoir de l'amour sans esprit, et que cette passion ait plus son siége dans le cœur que dans la tête, il est toutefois malaisé qu'il y ait une galanterie où l'esprit n'ait point de part, et qui soit entièrement dépourvue de grâce. Avec tout cela, si je condamnois absolument la galanterie de Lancelot, je craindrois de tomber dans l'inconvénient où est tombé l'auteur de Don Quichotte (75) quand il a fait le plaisant aux dépens des chevaliers errants et de leurs aventures bizarres, faute de considérer, comme nous, le temps où ils agissoient et les mœurs qui y étoient reçues. Que s'il étoit permis de tourner en ridicule tout ce qui n'est pas en usage au siècle ou au lieu où nous vivons, il n'y a rien de si sérieux ni de si vrai dans l'antiquité, ni chez les étrangers, où une belle humeur ne pût trouver matière à se divertir et à divertir les autres. Pour moi, je tiens qu'il en faut user équitablement et regarder les choses dans toutes leurs circonstances pour en faire un sain jugement. Notre manière de plaire aux dames et de leur persuader que nous les aimons est toute contraire à celle des vieux âges. Estimerai-je pour cela la nôtre seule bonne ? Je ne suis pas assez présomptueux pour croire qu'il n'y a rien de bien que ce que je fais. Je ne dirai point que la galanterie de Lancelot soit mauvaise ; je dirai seulement qu'elle est différente de la nôtre ; et si elle faisoit le même effet que la nôtre, pourquoi ferois-je difficulté de dire qu'elle n'est pas plus mauvaise que la nôtre ? Je ne le dirai pourtant pas, parce que je veux que la galanterie soit galante, et j'avoue que celle de Lancelot ne l'est pas. Mais, afin que chacun trouve son compte, il faut dire, ce me semble, que la galanterie est un terme équivoque, qui signifie tantôt l'art de plaire aux dames pour s'en faire aimer, tantôt l'amour qu'on a pour elles sans méthode et sans art. Dans la première signification, il faut demeurer d'accord que Lancelot est le moins galant qui fut jamais, qu'il ne sait que c'est de se mettre bien auprès de sa maîtresse par les paroles étudiées ni par le soin de la suivre en tous lieux ; qu'il ne cherche point à la gagner par l'ajustement de sa personne, et qu'il ne se fonde point pour cela sur la beauté de ses livrées, sur ses sérénades mélodieuses, ni sur ses beaux pas de ballet. Dans la seconde, il n'y eut jamais de si parfait galant que Lancelot. Il ne joue point l'amoureux, il l'est véritablement ; il aime autant en absence qu'en présence ; la seule vue de Genièvre le tire hors de lui-même, lui ôte la parole et lui fait perdre toute autre idée (76). La pensée de lui avoir déplu le met en frénésie et lui fait courir les champs ; il l'invoque dans ses plus grands périls ; il lui est fidèle dans les plus grandes occasions de lui manquer de foi ; il est à elle plus qu'à Gallehaut, bien que Gallehaut eût pour lui l'amitié du monde la plus ardente.

C'est à vous à juger laquelle des deux galanteries est la plus obligeante pour les dames, et si cette dernière est aussi ridicule qu'elle le paroît aux galants d'à cette heure. Pour moi, je ne prononcerai point sur une question si délicate, où le préjugé de la mode ne laisse point aux suffrages leur naturelle liberté ? Je dirai seulement qu'on ne peut condamner sans témérité la seconde sorte de galanterie, où la dame est parfaitement adorée, et où, au lieu de paroles, on ne lui donne que des effets ; où les yeux et les oreilles rencontrent moins de satisfaction, mais où l'esprit et le cœur la rencontrent tout entière. En effet, j'aurois bien de la peine à répondre à celui qui, pour la défendre, me représenteroit combien noble est la galanterie qui prouve sa passion par la recherche des dangers, par du sang et par des victoires, et quel avantage elle a sur celle qui ne la prouve que par des coquetteries et des assiduités ou, au plus, que par des collations, des musiques et des courses de bague.

J'aurais bien de la peine à lui persuader que de beaux pas de danse valussent mieux que de bons coups d'épée, que de beaux dedans (77), ou de belles courses fussent plus considérables que des joutes à fer émoulu, que des combats opiniâtrés jusqu'à la perte de la vie, que des présents de vaincus et de prisonniers. Que s'il ajoutoit que la politique de ces vieux temps ne donnoit prix qu'à ces sortes d'actions, que les dames n'en pouvoient estimer d'autres, et ne se croyoient bien aimées et bien servies que par celles-là ; enfin que les béhourdis (78), les estours (79) et les quêtes étoient de la mode de ces siècles-là, comme le Cours (80), la comédie et le bal le sont de celui-ci ; si je ne lui accordois qu'il auroit raison de préferer cette galanterie à la nôtre, je ne me pourrois, au moins, empêcher de lui accorder qu'elle ne peut raisonnablement passer pour ridicule.

— S'il m'en parloit, dit M. Sarasin, comme vous feignez qu'il pourroit faire, je lui répondrois comme vous dites que vous feriez ; et il faudroit être le plus injuste du monde, si l'on n'écoutoit la raison de tous côtés, et si l'on ne prononçoit que sur le rapport de l'une des parties.

— Il me semble, me dit M. Ménage, que je suis de votre opinion, et que cet article n'a pas été plus mal examiné que les autres.

— Après cela, repris-je, je n'ai plus rien à vous dire pour vous montrer que, quelque mauvais que soit ce livre, il ne laisse pas d'y avoir du bon, et qu'il ne m'est pas tout-à-fait honteux d'avoir été trouvé dessus, par un savant comme vous êtes.

— Il n'y a plus, dit-il, que les coutumes, et puis vous serez quitte à nous.

— Vous m'avez fait enrouer, lui repartis-je, à force de parler, et je suis d'avis de vous renvoyer pour les coutumes au grand coutumier du Royaume de Logres, je veux dire au livre même de Lancelot, où vous les trouverez semées fort dru ; si vous n'aimez mieux attendre la publication du *Traité* qu'en fait le grand antiquaire, M. Le Febvre (81), qui n'autorise presque ses observations que par les passages qu'il tire de *Lancelot*, dont il fait son capital, en cette matière de coutumes. Je vous dirai seulement en général qu'elles ont le caractère des mœurs de ce temps reculé, et que soit qu'elles soient vraies ou fausses, on voit qu'elles sont, la plupart, instituées pour donner de la sûreté aux dames, et pour nourrir la valeur dans l'âme des chevaliers ; mais le premier pour le dernier. Je coupe court, et laisse cela obscur, afin de vous laisser plus de curiosité d'en chercher les éclaircissements. »

A ce mot, je me levai et eux aussi, mais en grondant de ce que je m'étois si légèrement acquitté de cette dernière partie, surtout M. Ménage, à qui cette matière de droit avoit réveillé l'appétit, et qui eût été bien aise de voir dès lors quelle étoit la jurisprudence gothique, et quelle affinité elle pouvoit avoir avec le droit romain. Il me menaça de s'en plaindre à vous, Monseigneur, et me dit, comme je les conduisois : « Oui, je verrai le code Lancelot et l'étudierai même avec M. Seingéber (84), et ce seroit une plaisante chose, s'il nous faisoit abandonner le code Justinien pour lui.

— Il n'y a rien, lui dis-je, qui ne se puisse faire, quand ce ne seroit que pour changer d'étude et pour ne finir jamais ce que vous commencez. »

M. Sarasin le railla de ce reproche, et tous deux en riant s'en allèrent, témoignant assez de satisfaction de l'entretien que nous avions eu ensemble, quoiqu'il eût été excessivement long pour un si chétif et si maigre sujet.

NOTES

(1) Gilles Ménage (1613-1692) fut d'abord avocat; puis, voulant s'adonner à la littérature, il entra dans la carrière ecclésiastique suffisamment pour avoir le droit de posséder de beaux bénéfices; à la recommandation de Chapelain, il devint un des familiers de Retz, alors coadjuteur de Paris. Tallemant, qui nous a donné (tome V, p. 218 et suivantes) d'importants détails sur les relations, souvent orageuses, de Ménage avec Retz, faisait assez peu de cas de Ménage, qu'il appelait « un sçavantas » qui n'écrit pas bien, et il estimait sa vision d'écrire en tant de langues différentes comme une preuve de vanité puérile. — Voyez *Ménage, sa vie et ses écrits*, par Baret, professeur à la faculté de Clermont.

(2) Jean-François Sarasin (1604-1654), auteur du *Siége de Dunkerque et de la Conspiration de Walstein;* ce littérateur « fut près de quatre ans comme le courtisan du coadjuteur, jusques à aller à Bourbon (*aux eaux de Bourbon*) avec lui, » dit Tallemant (tome V, p. 293). Pendant la guerre de la Fronde, par l'entremise de Retz et de madame de Longueville, il devint le secrétaire des commandements du prince de Conti. — Nous adoptons l'orthographe indiquée par M. Jal, d'après les actes notariés signés par Sarasin. (*Dictionnaire critique d'histoire et de biographie*, 1867, p. 1102.)

(3) L'auteur de ce dialogue, comme on le verra plus loin, est l'auteur de la *Pucelle*. Jean Chapelain (1595-1674), fils d'un notaire, fut entraîné par sa mère, qui avait beaucoup connu Ronsard, vers la

carrière littéraire. Cette mère désirait pour son fils la gloire du chef de la *Pléiade;* elle ne fut que trop exaucée. Après avoir joui longtemps de la réputation littéraire la plus brillante, Chapelain eut à subir une cruelle et même injuste réaction, à la suite de la publication des douze premiers chants de son poëme (1656), comme Ronsard après la *Franciade;* ces deux poëmes n'ont pu même être entièrement publiés par leurs auteurs, découragés par leur échec. A l'époque où se place notre dialogue (1647), Chapelain, dans toute la plénitude de sa gloire, était regardé comme le premier écrivain de la France : il fut un des commissaires chargés par Richelieu de rédiger les statuts et de déterminer les travaux de l'Académie française. Plus tard encore (1662), Colbert lui demanda de dresser la liste des savants et des littérateurs que Louis XIV devait pensionner.

(4) Nous ne connaissons de voyage fait par Retz vers cette époque que celui dont parle Tallemant (tome V, p. 293), aux eaux de Bourbon; il y fut accompagné de Sarasin; Chapelain, il est vrai, n'est pas nommé comme faisant partie de l'excursion. Et puis, l'automne est-il bien la saison d'un séjour aux eaux? Toutes ces circonstances nous font douter qu'il s'agisse ici de ce voyage, dont Tallemant n'indique pas la date exacte.

(5) Politesse et flatterie à part, Retz méritait la plus grande partie de ces éloges. A la même époque, Balzac le compare au grand orateur de l'Église grecque, Jean Chrysostome (*Socrate chrétien,* discours XI), et dans la 16ᵉ lettre du livre XI, de ses *Lettres,* il le salue comme « un autre fils du Tonnerre, » par allusion à un passage de l'Évangile de saint Marc, chapitre III, verset 17.

(6) La correspondance autographe de Chapelain (5 volumes in-folio), comprenant les années 1637 à 1669, présente malheureusement une lacune considérable à l'époque qui nous occupe (de 1640 à 1659). Ces manuscrits inédits appartenaient à M. Sainte-Beuve, qui a bien voulu nous permettre de les étudier; par suite des dispositions de l'illustre critique, ils vont être déposés à la Bibliothèque impériale.

(7) Retz nous apprend dans ses *Mémoires* qu'il avait formé vers 1644 chez lui une sorte d'Académie, dont nos trois interlocuteurs étaient des membres assidus. Voyez notre édition des *Œuvres de Retz* dans la Collection des *Grands Écrivains de la France,* 1870, Hachette, tome I, page 178, note 1, et à l'*Appendice* de ce même volume pour les relations de Retz avec les gens de lettres.

(8) M. Rigault a, en effet, donné une des premières places à Ménage parmi les défenseurs des Anciens (p. 210 de l'*Histoire de la querelle des Anciens et des Modernes*). Ménage était tellement fanatique des Anciens qu'on a cru que Balzac avait voulu le peindre dans

son *Barbon*, « qui portait sur sa robe de la graisse du dernier siècle et de la crotte du règne de François Ier. » Cette attribution, adoptée par M. Rigault, est, selon nous, erronée : si l'auteur du *Barbon* eût songé à Ménage, il nous semble que, en félicitant Ménage d'un poëme de *Mamurra*, dont il sera question plus loin, il n'eût pas osé lui dire : « Mon Barbon seroit heureux d'être de sa suite (de *Mamurra*) et de grossir le train que vous lui dressez... (*Ægidii Menagii Miscellanea*, 1652, p. 53 de *Vita Gargilii Mamurræ*). — On sent par les quelques mots de Chapelain sur Ménage que la querelle des Anciens et des Modernes, qui a déjà donné lieu à une escarmouche (voyez le *Discours de Boisrobert*, lors de sa réception à l'Académie française, 26 février 1635, dans Rigault, p. 78 et suivantes), sera bientôt l'occasion de longs et rudes combats.

(9) Le roman de *Lancelot* est la troisième partie du *Cycle du Saint-Graal* ou de la *Table-Ronde*, écrite par Gautier Map, chapelain du roi Henri II d'Angleterre. Fils du roi armoricain, Ban de Benoic et encore au berceau, Lancelot allait périr au milieu du carnage qui accompagne d'ordinaire une défaite, lorsque la fée Viviane l'enleva et, pour l'arracher aux soldats, se précipita avec lui dans un lac magique; d'où son nom de *Lancelot* (l'Ancelot, le jeune garçon) *du lac*. Ses aventures amoureuses et guerrières forment cinq romans : *Gallehot, la Charrette, Agravain, la Quête du Graal* et *la Mort d'Arthur*. Pour bien connaître ce roman, qui devint bientôt le livre d'éducation, le code universel et le grand coutumier de la noblesse européenne, il faut lire l'excellent travail de M. Louis Moland : *Origines littéraires de la France*, p. 49-66, et l'*Histoire littéraire de la France*, t. XV, p. 253, 264, 496, etc.,

(10) Jean, comte de Longueville et de Dunois, dit le *Bâtard d'Orléans*, fils naturel de Louis d'Orléans et de Henriette d'Enghien, fut élevé par Valentine Visconti, femme légitime du duc d'Orléans ; il est un des principaux héros du poëme de *la Pucelle d'Orléans*. On sait que le duc de Longueville, descendant de ce Dunois, fit une pension de 2,000 livres à Chapelain pendant tout le temps que dura son travail, pour lui procurer le loisir dont le poëte avait besoin pour mener à bonne fin sa difficile entreprise, et que, pour le consoler de son échec, il augmenta cette pension de 1000 livres.

(11) Ménage fait probablement allusion ici au discours de Chapelain, en tête de l'*Adone*, de Marini. Ce livre est assez rare : la Bibliothèque impériale renferme dans la réserve l'exemplaire qui appartint à Louis XIII, à qui le cavalier Marin avait dédié ce livre : l'*Adone, poema del cavalier Marini*. Imprimerie royale, *Parigi*, 1623 (Bibliothèque impériale, réserve Y, 3598). On y trouve avant le poëme une *Lettre* ou *Discours de M. Chapelain à M. Favereau*, conseiller du

roi, où l'écrivain formule son opinion sur le poëme d'*Adonis*. « C'est, dit M. Guizot, un monument curieux de la critique à cette époque : quelques idées raisonnables, mais puisées, sous forme de citations, dans les livres des Anciens, noyées dans une foule de divisions et de subdivisions arbitraires, exprimées dans un français presque inintelligible et dont la barbarie gauloise semble rappeler le *style de notaire*. Voilà ce qui fit la réputation de Chapelain. » (*Corneille et son temps*, p. 314-315).

(12) Il existe dans les œuvres de Sarasin (p. 139-235) un dialogue : *S'il faut qu'un jeune homme soit amoureux* ; cet écrit témoigne du goût de son auteur pour nos vieux romans, et de connaissances réelles en ce genre d'érudition ; il sera question de ce dialogue plus longuement, voyez ci-dessous, p. 49, note 65.

(13) Quintus Ennius, poëte épique, tragique et satirique. Une tradition connue rapporte que, comme on reprochait à Virgile d'emprunter à Ennius certaines expressions, et quelquefois des demi-vers et des vers entiers, il répondit, : « Je ramasse l'or que contient le fumier d'Ennius ». De même plus tard Leibnitz disait aussi qu'il trouvait de l'or dans le fumier de la scolastique.

(14) *La Pucelle*, ou *la France délivrée*, est un poëme héroïque en 12 chants. *Paris*, 1656, grand in-folio ; l'édition de 1755 en a 15, celle de 1756 en compte 18, et celle de 1757 comprend 20 chants. Les quatre derniers, qui se trouvent en manuscrit à la Bibliothèque impériale, n'ont jamais été publiés. La bibliothèque Mazarine possède une belle édition (1656) de ce poëme, avec la dédicace de l'auteur à Mazarin : *Pour Mgr le cardinal, par son très-humble, très-obéissant et très-obligé serviteur*, CHAPELAIN. Voy. M. Franklin, dans son *Histoire de la Bibliothèque Mazarine*, pages 196-197, 1860, chez Aug. Aubry.

Disons avec M. Cousin (*la Société française au XVIIe siècle*, tome II, page 102) que le sujet était admirablement choisi : là « se rencontroient toutes les conditions de l'épopée, un merveilleux universellement accepté, comme au temps d'Homère, mais mille fois plus grand et plus saint, la naïveté des vieux âges, une action simple et une à travers des épisodes variés et brillants, une fin tragique et sublime, les scènes les plus différentes, la Lorraine, la Loire, la Normandie, deux grandes nations aux prises, des paysans, des guerriers, des princes, toujours et partout notre chère France, notre religion, notre monarchie, nos malheurs, notre constance, notre courage, nos désastres, notre victoire. A la seule idée d'un tel poëme, l'âme de la France tressaillit, une immense attente fit battre les cœurs. » Ajoutons qu'il y avait aussi une certaine hardiesse, — que n'aurait jamais eue un adorateur des Anciens, — à prendre une femme et une « pastoure » pour héroïne de son poëme ; il est vrai que le poëte s'en excuse dans sa *Préface*, en citant Jeanne à la suite d'Arria, d'Epicharis, de Tomyris. de Zénobie et de Boadicée. — M. Guizot a analysé avec beaucoup de développement le poëme de *la Pucelle* dans son livre, *Corneille et son temps*, p. 330-353.

(15) Voir pour l'exactitude de cette appréciation le livre de M. Moland, dont nous avons parlé page 37, à la note 9.

(16) Tallemant (tome V, p. 220) nous apprend que Vaugelas, Chapelain, Conrart et les politiques de l'Académie craignaient la mordacité de Ménage et recherchaient son amitié. Vaugelas lui envoyait les cahiers de ses *Remarques sur la langue françoise*; Chapelain avait ordonné qu'en cas de mort, Ménage reverrait sa *Pucelle*, quoiqu'il eût avoué à Patru que son redoutable ami n'était qu'un étourdi.

(17) Isaac Arnauld de Corbeville, fils d'Isaac de Corbeville, intendant des finances sous Henri IV, et l'un des frères du célèbre Antoine Arnauld, succéda à son oncle, Pierre Arnauld, comme mestre de camp général des Carabins (Carabiniers) de France. Il s'attacha de bonne heure au duc d'Enghien (plus tard le grand Condé), assista comme maréchal de camp aux combats de Fribourg, de Nordlingen, au siége de Dunkerque, qui fut prise en treize jours. Il contribua puissamment à ce résultat inattendu, en emportant « des traverses que les assiégés avaient rétablies dans le chemin couvert de la contrescarpe, » et « en joignant par une ligne de communication les deux attaques au bord du fossé ; » aussi, pour le récompenser, Condé le chargea, avec le comte de Palluau, depuis maréchal de Clérambault, de régler la capitulation de la place. Arnauld mourut en 1651, dans le château de Dijon, qu'il commandait pour le prince de Condé. Voir pour les détails de la conduite d'Arnauld : *Histoire du siége de Dunkerque*, dans les *Œuvres de M. Sarasin*, 1663, principalement p. 58, 59, 66.

Ce siége de Dunkerque nous permet de déterminer la date de l'écrit de Chapelain : la ville capitula le 11 octobre 1646; l'entretien de Chapelain et de ses amis doit donc être fixé à la fin de 1646, ou plutôt dans les premiers mois de l'hiver de 1647.

(18) Le vrai titre de ce livre est *Dictionnaire étymologique des Origines de la langue française*; il fut publié en 1650, in-4°; une seconde édition parut en 1694, in-folio, et la dernière en 1750, Paris, 2 volumes in-folio.

(19) Valentin Conrart (1603-1675), dilettante littéraire un peu ridiculisé par le « silence prudent » dont a parlé Boileau. Homme de sens et de goût, il excitait les écrivains qui se réunissaient chez lui ; ces réunions furent, on sait, l'origine de l'Académie française, dont

Conrart devint le premier secrétaire perpétuel. C'est dans ses papiers, nombreux à la bibliothèque de l'Arsenal, que nous avons trouvé (tome VIII, in-folio, p. 267-300) le dialogue de Chapelain que nous publions.

(20) Robert de Mentet de Salmonet, gentilhomme écossais attaché à la maison du cardinal de Retz (*Mémoires de Marolles*, t. III, p. 360). Selon Tallemant (tom. V, p. 223-324), Salmonet « devait être évêque dans son pays, mais il fut contraint d'en sortir à cause des troubles. Il a des lettres et ne manque point d'esprit. Le coadjuteur lui fit donner une pension du clergé, car il s'était fait catholique. » Loret, dans sa *Muze historique* du 28 décembre 1652 (édit. Ravenel), nous apprend que Salmonet, ainsi que le chevalier de Sévigné et quelques autres, reçurent ordre de quitter Paris, lors de l'emprisonnement du cardinal de Retz. Salmonet avait publié, en 1649, une *Histoire des troubles d'Angleterre*, 1 vol. in-4º; c'est apparemment de ce livre qu'il est dit dans les *Lettres du cardinal Mazarin*, publiées par M. Ravenel, p. 6. « Il (*le Coadjuteur*) a pris soin de faire écrire et imprimer toutes les révolutions d'Angleterre par un homme à lui, dans le commencement des désordres de Paris (auxquels il travailloit par toutes sortes de voies), afin d'apprendre à un chacun la méthode qu'on devoit tenir, et leur faire connoître par l'exemple susdit qu'il étoit facile. » Balzac, dans une lettre du 20 juillet 1652, adressée à Conrart, se plaint que le malheur des temps le prive si longtemps de lire, et parmi les livres qu'il regrette, à côté de ceux de Port-Royal, des vers de Ménage, des sermons d'Ogier, il nomme les *Remontrances de Salmonet*. Cette dernière œuvre de Salmonet est un pamphlet devenu très-rare: « *Remontrance très-humble au sérénissime prince Charles II, roi de la Grande-Bretagne, sur la conjoncture présente des affaires de Sa Majesté*. Paris, Vitré, 1652, in-folio.

(21) La langue italienne et l'espagnole faisaient alors partie de l'éducation de ce qu'on appelait un honnête homme; les femmes du monde les connaissaient également. Voyez sur ce sujet M. Rathery : *De l'influence de la littérature et du génie de l'Italie sur les lettres françaises depuis le XIIIᵉ siècle jusqu'au règne de Louis XIV*. 1853, in-8; Perrens : *Histoire de la littérature italienne*; Baret, *Histoire de la littérature espagnole*.

(22) Voici le passage de Boccace :

> Venia dopo costor gente gioconda
> Ne' loro aspetti, tutti cavalieri
> Chiamati della Tavola ritonda.
> Il re Artù quivi era de' primieri,

> A tutti armato avanti cavalcando,
> Ardito e fiero sopra un gran destrieri.
> Seguialo appresso Bordo speronando,
> E con lui Prenzivalle e Galeotto
> A picciol passo insieme ragionando.
> E dietro ad essi venia Lancillotto
> Armato, e nello aspetto grazioso,
> Con una lancia in man senza far motto :
> Ferendo spesso il caval poderoso
> Per appressarsi alla Donna piacente,
> Di cui toccar pareva disioso.
> O quanto adorna quivi ed eccellente
> Allato a lui Ginevra seguitava,
> In su un palafreno orrevolmente !
> Stella mattutina assomigliava
> La luce del suo viso, ove beltate
> Quanta fu mai tututta si mostrava ;
> Sorridendo negli atti, di pietate
> Piena, e parlando a consiglio segreto
> Con tacite parole e ordinate,
> Era con que' che già ne visse lieto,
> Lunga fiata lei senza misura
> Amando, ben che poi n'avesse fleto.
> Non molto dietro ad esso con gran cura
> Seguiva Galeotto, il cui valore
> Piu ch' altro di compagni si figura.....

Boccaccio, *Amorosa Visione*, capitolo XI; *Opere volgari*, p. 45, vol. XIV. Firenze, 1833. — Dans le *Labyrinthe d'Amour* ou le *Corbaccio*, Boccace célèbre aussi les grands noms des romans: Roland, Olivier, Tristan et Moroult d'Irlande, un des personnages du roman de *Tristan de Léonnois*; mais la liste, comme on vient de le voir, est plus complète dans la *Vision d'amour*. Cette pièce est le chef-d'œuvre peut-être de Boccace en poésie, et cependant, à notre connaissance, elle n'a pas été traduite. Dans ses vers faciles, Boccace rassemble les scènes d'amour qui l'ont le plus charmé, et naturellement les noms des chevaliers de la Table-Ronde, le roi Arthur, Perceval, Lancelot et les séduisantes figures de Genièvre et d'Iseult se présentent à sa mémoire.

(23) Tristan du Léonnois, un des chevaliers de la *Table Ronde*, est le héros d'un grand nombre de romans, soit en vers, soit en prose. Le sujet de ces romans roule sur les amours de ce Tristan avec Iseult. Tristan a été chargé par son oncle, le roi Marc de Cornouailles, de demander en mariage et de ramener Iseult, la blonde fille d'un roi

d'Irlande. La mère d'Iseult, pour assurer le bonheur de sa fille, a remis à une suivante un philtre, qui doit unir d'un amour invincible ceux qui le boivent ensemble, en lui recommandant de le faire boire au roi Marc et à Iseult, après leurs épousailles. Celle-ci, par erreur, pendant la traversée, le verse à Tristan et à Iseult. Dès lors, l'effet se produit, et, malgré son mariage, Iseult est enchaînée avec Tristan d'une tyrannique et adultère passion. Les ruses, les souffrances, les périls, la mort des deux amants donnent lieu à mille intéressantes aventures. Ce roman passe pour le chef-d'œuvre des romans de la *Table Ronde*. La morale est exclue de ces romans, mais est remplacée par une certaine générosité élégante, par la tendresse, la grâce réunies à la bravoure, par tout ce que comprend de plus large et de plus exquis le mot *courtoisie*. On croit qu'ils ont été composés entre les règnes de Henri II et d'Henri III d'Angleterre. M. Francisque Michel a publié le recueil des poëmes de Tristan, 1835-39, 3 volumes. Voyez, en outre, *Histoire littéraire de la France*, t. XV, p. 24 et t. XIX, p. 687-704; M. Louis Moland dans les *Origines littéraires de la France*, p. 66-70, et dans les *Poëtes français*, édités par M. Crépet, tome Ier, p. 49-63.—De nos jours, deux grands écrivains, MM. Tennyson, en Angleterre, et Quinet, en France, ont essayé avec grand succès de rajeunir ces vieux romans.

(24) Gallehaut ou Gallehot, roi des *lointaines îles*, est un des principaux personnages du roman de *Lancelot*, et l'intime ami du héros; il le sert avec beaucoup de zèle auprès de la reine Genièvre, et favorise leurs amours. On peut lire dans M. Moland le récit de la première entrevue des deux amants, où Gallehaut joue le rôle d'intermédiaire, entrevue qui décida de toute leur vie : Moland, *Origines littéraires*, p. 52-59, et p. 373-383.

(25) Voici ce que dit d'eux Pétrarque :

>Ecco quei che le carte empien di Sogni,
>*Lancelotto, Tristano*, e gli altri erranti
>Onde convien che'l vulgo errante agogni
>
>Vedi Ginevra, Isotta, et l'altre amanti
>E la coppia d'Ariminio, che' nseme
>Vanno facendo dolorosi pianti.
>
>(Trionfo d'Amore. Capitolo terzo, XXVIIe terzina.)

(26) Chapelain veut parler ici du fameux épisode de Françoise de Rimini, tant de fois reproduit par la poésie et par l'art. Voici le passage de Dante :

>Ma se a conoscer la prima radice
>Del nostro amor tu hai cotanto affetto.

> Faro come colui che piange e dice.
> « Noi leggiavamo un giorno, per diletto,
> Di Lancilotto, come amor lo strinse;
> Soli eravamo e senza alcun sospetto.
> Per più fiate gli occhi ci sospinse
> Quella lettura, e scolorocci il viso;
> Ma solo un punto fu quel che ci vinse,
> Quando leggemmo il disiato riso
> Esser baciato da cotanto amante ;
> Questi, che mai da me non fia diviso,
> La bocca mi bacio tutto tremante.
> Galeotto fu il libro, e chi lo scrisse;
> Quel giorno piu, non vi leggemmo avante.
>
> (Inferno. Canto V; v. 124-139.)

(27) Signifie ici il y a plus de quatre siècles ; l'*Histoire littéraire de la France* (tome XV, *passim.*) les place en effet parmi les œuvres de la fin du XIIe siècle et du commencement du XIIIe.

(28) Jean, sire de Joinville, chroniqueur français (1224-1319). Ses *Mémoires sur la Vie de saint Louis*, si connus, sont un chef-d'œuvre de naïveté et de naturel.

(29) Geoffroi de Villehardouin, chroniqueur français (1167-1213), a laissé une *Histoire de la conquête de Constantinople*, qui est un des plus anciens monuments de la prose française.

(30) La copie de l'Arsenal porte certainement *mystère*; ce mot nous semble douteux : nous ne savons par quoi le remplacer ; est-ce par *maître* ?

(31) Chapelain et ses interlocuteurs soulèvent ici la grande question du merveilleux poétique dans les poëmes épiques, traitée aussi par Boileau dans son *Art poétique* (chant III). Il est curieux de comparer les deux critiques contemporains, et tous deux à propos de la *Jérusalem délivrée* de Tasse ; car Chapelain, par la bouche de Sarasin, devançait l'objection à laquelle Boileau répond par une « assez médiocre raison, » comme l'a bien montré M. Rigault, p. 97 :

> C'est donc bien vainement que nos auteurs déçus
> Bannissent de leurs vers ces ornements reçus.
> . . . .
> Mettent à chaque pas le lecteur en enfer.
> N'offrent rien qu'Astaroth, Belzébuth, Lucifer.
> De la foi d'un chrétien les mystères terribles,
> D'ornements égayés ne sont point susceptibles.

Le Tasse, dira-t-on, l'a fait avec succès.
Je ne veux point ici lui faire son procès, etc.

Ce précepte de Boileau, un des plus importants qu'il ait formulé, a trouvé, on le sait, de nombreux contradicteurs. C'est, du reste, comme le dit plus loin Chapelain, « l'une des principales difficultés de la poésie moderne. » N'oublions pas, pour le jugement du débat, que, au moment même où Boileau écrivait ainsi, Milton ruinait de fond en comble cette théorie en créant le Satan du *Paradis perdu*, et l'année même de ce dialogue, Corneille montrait, dans *Polyeucte*, contre la sentence de l'hôtel de Rambouillet, les ressources que la poésie peut trouver dans un sujet chrétien. La vérité, à propos de ces discussions théoriques, se trouve, croyons-nous, dans un mot de Gœthe : « Nos esthétiques parlent beaucoup de sujets poétiques ou antipoétiques ; au fond, il n'y a pas de sujet qui n'ait sa poésie ; c'est à l'écrivain à savoir l'y trouver. »

(32) Voyez, au sujet des théories de Chapelain, la *Préface* de la *Pucelle*. L'écrivain nous paraît moins classique que ne l'a jugé M. Rigault, p. 91; ses réserves ne sont pas, il est vrai, faites *ex cathedrâ*, mais elles se laissent deviner entre les lignes. N'oublions pas qu'en 1647, il n'y avait encore eu comme adversaires déclarés contre les Anciens que Boisrobert, dont nous avons parlé plus haut, et Descartes, qui, dit M. Rigault, p. 49, « enseigna le mépris de l'antiquité, comme Ronsard en avait prêché l'adoration. »

(33) Épisode qui ouvre le quatrième chant de l'*Iliade*.

(34) Épisode célèbre de l'*Iliade*, chant V, où Diomède blesse Vénus, puis Mars. Fontenelle, trente-six ans plus tard, en 1683, dans le dialogue d'*Ésope et d'Homère*, reproduira le même argument de Mars blessé par Diomède. C'est la seconde fois, notons-le bien, que Chapelain trouve à l'avance des arguments qui auront cours dans le fort de la querelle ; car, selon la remarque de M. Rigault, p. 129, « les *Dialogues des Morts (de Fontenelle)* sont le prélude du poëme sur le *Siècle de Louis le Grand*. » On sait que cette œuvre de Perrault est la pièce capitale du procès. M. Rigault rapporte encore (p. 148) qu'en 1660, Perrault donnant des conseils à Racine, jeune alors, qui sollicitait son suffrage et celui de Chapelain, lui conseilla quelques retranchements à faire dans ses *Odes*, et entre autres la suppression d'une comparaison de Vénus et de Mars. On voit que le critique avait persévéré dans sa doctrine sur les Anciens.

(35) Autre épisode célèbre dans lequel Vulcain, sur la demande de Junon, vient au secours d'Achille dans son combat contre le Xanthe ou Scamandre. *Iliade,* chant XXI.

(36) On sait que Neptune et Apollon, chassés du ciel, aidèrent Laomédon à élever les murailles de Troie.

(37) Peut-on appeler « Classique » un critique qui s'exprime avec une pareille liberté sur le plus vénéré des Anciens ? Comme le dira bientôt Sarasin, Homère a été « bien étrillé. »

(38) Pour bien connaître la science que possédait Homère, voyez l'*Encyclopédie homérique,* qui accompagne la traduction d'Homère par M. Giguet. Hachette, 9ᵉ edition, 1869.

(39) L'ignorance presque absolue de l'antiquité classique et surtout de l'antiquité classique grecque est, en effet, un des caractères distinctifs du moyen âge, de l'époque de la Scolastique.

(40) Olaüs Magnus ou Magni, frère de Jean Magnus, et, comme lui, historien suédois; on lui doit : *Historia de gentibus septentrionalibus,* etc., 1555, in-folio, Rome ; il s'occupe principalement de la Suède; son livre doit être soumis à une critique sévère.

(41) Saxo Grammaticus ou Longus, historien danois du xiiᵉ siècle, qui, dans son histoire romanesque, suit surtout les traditions populaires du Danemark. Shakespeare lui a emprunté la matière d'*Hamlet ;* son livre a pour titre : *Historia Daniæ.* Voir surtout l'édition de P. E. Muller, 1839. Hafniæ, 2 volumes in-8º.

(42) Polydore Virgile ou Vergile, historien italien, qui s'est principalement occupé des Anglais : *Anglicæ historiæ libri XXVI,* Bâle, 1534, in-folio. Les Anglais l'accusent de les avoir calomniés.

(43) George Buchanan (1506-1582) figure surtout ici pour son *Histoire d'Écosse* et son *de Jure regni apud Scotos.*

(44) Chapelain veut probablement désigner la *Chronique de Du Guesclin* par Cuvelier, Cunelier ou Cimelier, car on n'est pas d'accord sur le nom de l'auteur, mort en 1389. Cette œuvre est réellement une dernière chanson de geste, naïve et originale, quoique composée à la fin du xivᵉ siècle.

(45) Jean le Maingre, sire de Boucicaut et maréchal de France (1364-1421). Ses *Mémoires* furent composés sous ses yeux.

(46) Il s'agit ici de la charmante *chronique du chevalier sans peur et sans reproche* écrite par le *Loyal serviteur.*

(47) Jean Froissart (1333-1410), auteur de la célèbre *Chronique de*

France, d'Angleterre, d'Écosse et d'Espagne. On ne connaîtra bien ce conteur que dans l'excellente édition de M. Luce, dont deux volumes sont déjà publiés : *Collection de la Société pour l'Histoire de France*.

(48) Enguerrand de Monstrelet (1390-1453), auteur d'une Chronique qui continue celle de Froissart, et s'étend de 1400 à 1453.

(49) André Duchesne (1584-1640), auteur des trois premiers volumes de l'*Historiæ Francorum scriptores* (1636), in-folio ; des *Antiquités et recherches de la grandeur et de la majesté des rois de France*, 1609, in-8º ; de la *Bibliothèque des auteurs qui ont écrit l'histoire et la topographie de la France*, 1618, 2 volumes in-4º. Travailleur infatigable, Duchesne a copié un nombre considérable de vieux titres, de chartes, de généalogies. Un accident assez récent venait d'enlever Duchesne à la science et à ses amis : il avait été écrasé, en 1640, par une charrette, pendant qu'il allait de Paris à sa campagne de Verrières.

(50) Charles de Combault, baron d'Auteuil (1588-1670), est bien inférieur comme antiquaire à Duchesne ; il a laissé un *Discours abrégé de l'Artois*, 1640, in-4º, où il paraît avoir eu pour but de flatter le cardinal de Richelieu, qu'il faisait descendre, par les femmes, de Robert, comte d'Artois, et par conséquent du roi de France, Louis VIII ; une *Histoire des ministres d'État* sous les rois de la troisième lignée, non terminée, un volume in-folio, 1642 ; il s'arrête à Charles le Bel en 1327 ; ce livre est précédé de dissertations curieuses sur la *Chappe de saint Martin* et *sur les grands officiers de la couronne*. On encore du même érudit : *Blanche de Castille, infante de Castille, mère de saint Louis, reine et régente de France*, 1644, in-4º ; c'était, à l'occasion de Blanche, une apologie de la régence d'Anne d'Autriche. Le bourgeois Guy Patin qui ne veut pas flatter Richelieu, juge mieux Auteuil que notre critique officiel : « Le livre de M. d'Auteuil ne va guère mieux (*que celui du président de Gramont*) : je ne sais si le second viendra, mais j'ai appris que si le cardinal de Richelieu eût vécu, qu'il y eût eu quatre tomes à cet ouvrage *(Histoire des Ministres d'État)* et que ce cardinal eût commencé et fini ce quatrième ; mais ce n'est plus le temps : il est passé, *il est en plomb*, Dieu merci. » *Lettres de Guy-Patin*, tome Iᵉʳ, p. 104 ; nous donnons le texte corrigé, d'après le manuscrit autographe de la Bibliothèque impériale ; M. Ravenel prépare une édition de ces lettres curieuses, bien nécessaire, comme on pourra s'en convaincre, si, à la page ndiquée par nous, l'on compare la meilleure édition actuelle, celle de Reveillé-Parise, avec le texte corrigé : les mots, *il est en plomb* sont en italiques, comme rappelant le commencement d'une satire du temps.

(51) Marc de Vulson ou Wlson, sieur de la Colombière, peut être regardé comme le véritable créateur de la science héraldique ; après de grands malheurs domestiques, il quitta Grenoble et s'établit à Paris, pour s'adonner entièrement aux recherches historiques. Chapelain nomme un peu plus loin son principal ouvrage : le *Vrai théâtre d'honneur et de chevalerie* ou *Mémoires historiques de la noblesse*, contenant les combats, les triomphes, les tournois, les joûtes, les carousels, les courses de bague, les cartels, les duels, etc. 2 volumes in-folio, 1647. Ce livre, plein de recherches curieuses, est fort utile pour le cérémonial de l'ancienne chevalerie, ainsi que pour l'intelligence de nos vieux romans. Vulson a laissé encore d'autres ouvrages du même genre.

(52) Ce Mamurra, dont nous avons déjà parlé (p. 37), est le héros d'un ouvrage de Ménage : *Vita Gargilii Mamurræ parasitopædagogi*, dédié à Carolo Feramusio, advocato parisiensi ; il se trouve dans les *Miscellanées de Ménage*, édition de 1652. Une lettre de Balzac à Ménage (Ire du livre III des *Lettres choisies*) le fait bien connaître : le grand *épistolier de France* ne pouvait « se lasser de lire la *Vie de Mamurra*. Je l'ai trouvée et plus belle et plus nouvelle la dixième fois que la première; » et dans une lettre à Ménage : « L'*Histoire de Mamurra* est digne de Rome triomphante et du siècle des premiers Césars. Je ne crois pas que les satires de Varron... fussent ni plus doctes ni plus romaines. Je crois, pour le moins, que depuis la mort de l'empereur Claude, de ridicule mémoire, on n'avait point su rire en latin si bien et si agréablement que vous avez fait (allusion à l'*Apokolokintosis de Sénèque* ou la *Métamorphose de Claude en citrouille*...) Vous avez déridé le front des sévères et avez mis les tristes en belle humeur. Je dis davantage : quoique la matière que vous avez choisie soit moins de la Cour que du Collège, vous l'avez traitée de telle sorte qu'elle a mérité la curiosité des cavaliers et des dames, et quelqu'un me mande de Paris qu'on ne saurait faire plus de plaisir à tout ce beau monde que de lui faire voir votre Mamurra en langue vulgaire... »

(53) « *Apedeftes*. Ce mot formé du grec ἀπαίδευτος a été mis en françois par Rabelais, qui parle de l'île des Apedeftes. Hors le style de Rabelais, il n'est pas permis de se servir de ces sortes de termes. On dit aujourd'hui *Apedeute*». *Dictionnaire de Trévoux*, tome I, col. 538.

(54) Vieux mot employé dans le sens de recherche, et spécialement pour la recherche du Saint-Graal.

(55) Le *Saint-Graal* ou *Gréal* est un vieux mot français altéré signifiant un vase quelconque. Avant de mettre Jésus au tombeau, Joseph d'Arimathie a recueilli dans ce vase, qui a déjà servi à la Cène, les gouttes de sang qui coulaient des plaies. Après sa résur-

rection, Jésus en personne confie la garde de ce vase précieux à Joseph d'Arimathie, et plus tard, elle passe à son fils Josèphe, qu'un ange ordonne prêtre et évêque. Cette substitution a pour motif la complète virginité du jeune homme, condition expresse, imposée à ceux qui auront la possession du Saint-Graal. Bientôt, de l'Asie les gardiens du Graal passent en Occident, et abordent aux rivages de la Grande-Bretagne; c'est là que Josèphe institue la *Table carrée*, à l'imitation de la Table pascale, autour de laquelle Jésus célébra la Cène; les impurs sont écartés de cette Table par une force invincible. Enfin, après une longue série d'aventures, on bâtit, pour renfermer le Saint-Graal, un château admirable, appelé Château de Corbenic (*de corpore benedicto*). Voy. M. L. Moland : *Origines littéraires*, p. 23-41, le *Roman du Saint-Graal*, publié par M. Francisque Michel, 1841, in-12. Voyez aussi l'*Histoire littéraire de la France*, tome XV, p. 245.

(56) Guillaume, archevêque de Tyr (1138-1193), prêcha en Europe la troisième croisade, où allèrent Philippe-Auguste, Richard Cœur de Lion et Frédéric Barberousse; il a écrit une *Histoire des Croisades*, dont l'Académie des Inscriptions a donné une bonne édition dans le premier volume des *Historiens des Croisades*.

(57) On appelait *guet* la garde qui, depuis saint Louis, veillait pendant la nuit à la sûreté de Paris; le commandant était appelé *chevalier du guet*. Le nombre des miliciens varia souvent. On peut consulter sur le *guet* les *Antiquités de Paris* par Sauval et le *Traité de la police* par de La Marre.

(58) C'est l'histoire du moine Gerbert, pape sous le nom de Silvestre II. Voy. la *Vie de Gerbert*, par M. A. Olleris, 1867, couronnée par l'Académie des Inscriptions.

(59) Vers 391 de l'*Art poétique* d'Horace.

(60) Vers 122 de l'*Art poétique*; nous avons rétabli le texte d'Horace; le manuscrit a mis *et nil* au lieu de *nihil*.

(61) Hercule, soumis à Eurysthée, par la rancune de l'implacable Junon, dut accomplir certaines entreprises difficiles et connues sous le nom de *Travaux d'Hercule*.

(62) On sait qu'un des surnoms les plus glorieux au moyen âge était celui de *justicier*.

(63) La *Table ronde* était un ordre fabuleux, établi, disait-on, à la fin du ve siècle par le roi Arthur, d'après les conseils de l'enchanteur Merlin : cette table devait rappeler la table carrée de Josèphe d'Arimathie; on la fit circulaire dans la pensée d'éviter les querelles de

préséance. Le but spécial de cette institution est de retrouver et de conquérir le Saint-Graal ; le nombre des chevaliers était de vingt-quatre, puis il fut de cinquante. Après cette institution, Merlin le Sauvage rentre dans les forêts où l'attire la fée Viviane. Les chevaliers de la Table ronde paraissent surtout dans la troisième partie de *Lancelot*, connue sous le nom d'*Agravain*, et dans la quatrième partie, la *Quête du Graal*.

(64) Ordre de chevalerie anglaise, fondé par Édouard III en 1346.

(65) Sarasin a repris plus tard le même sujet de dissertation, surtout à ce dernier point de vue, dans un long dialogue intitulé : *S'il faut qu'un jeune homme soit amoureux* (*Œuvres de Sarasin*, 1663, in-12, p. 139-235). On y retrouve les trois mêmes interlocuteurs : Chapelain, Ménage et Sarasin, auxquels se sont joints Trilport et du Pile, l'hôte de Sarasin : cette fois le principal rôle appartient à Sarasin, et le roman dont il est le plus question est celui de *Perceforêt*; un des interlocuteurs, Trilport, va jusqu'à dire qu'il consent à ce que *Perceforêt* soit considéré comme notre Homère (p. 212). Ce goût pour nos vieux romans est remarquable à une époque très voisine de celle où Boileau affecte un si grand dédain, et montre une si complète ignorance de nos origines littéraires ; un peu avant tous ceux dont nous avons rencontré les noms dans ce dialogue, il faut aussi citer parmi nos antiquaires le président Fauchet.

(66) Chapelain veut, sans doute, rappeler cet essaim de demoiselles d'honneur, dont Catherine de Médicis faisait usage dans l'intérêt de sa politique, et qu'on appelait l'*escadron volant*.

(61) Le roman de *Merlin* est en quelque sorte la suite de la légende du *Saint-Graal* ou de la *Table ronde*, après un intervalle de trois siècles. Merlin est le fils du démon et d'une pieuse recluse abusée par celui-ci, une nuit où elle a oublié de mettre son sommeil sous la garde de Dieu. Le démon destine ce fils à ruiner sur la terre l'œuvre de Jésus-Christ, et lui a donné la connaissance des choses cachées ; mais sa pieuse mère l'a fait baptiser et a ainsi un peu neutralisé sa mauvaise nature ; Dieu lui a accordé la connaissance de l'avenir, inconnue à Satan. Merlin se dévouera donc plutôt à l'œuvre de Dieu qu'à celle du Diable, quoique, bien souvent, à ses actes on reconnaisse l'origine de Merlin. Le roman est compliqué d'aventures : on assiste à la naissance d'Arthur, fils d'Uterpandragon, à son mariage avec Genièvre, fille du roi de Thamelide ; on voit la merveilleuse cour de ce roi, etc. Puis Merlin, séduit par la fée Viviane, comme Samson par Dalila, lui révèle ses secrets, et celle-ci, pendant son sommeil, l'enferme dans un cercle magique (un cromlech de la forêt de Paimpont) plus infranchissable qu'une prison de pierre. Depuis ce temps, nul n'a vu Merlin l'enchanteur. (Voyez *M. Moland*, p. 41-49 des

Origines littéraires; et dans son édition des *Œuvres de Molière,* le curieux rapprochement qu'il a fait entre la naissance d'Arthur et celle d'Hercule, fils d'Amphitryon, tome V, p. 9-10, *Notice sur Amphitryon.)*

(68) La légende d'*Artus* ou d'*Arthur* fait partie du cycle de la *Table ronde*; elle est développée dans la seconde partie du roman de *Brut,* par Robert Wace, où il raconte la lutte des Bretons d'Arthur contre les Saxons, jusqu'à ce qu'Arthur disparaisse, enlevé, dit-on, par la fée Morgane.

(69) *Perceforêt* est un roman du cycle de la *Table ronde*; un des chevaliers du roi Alexandre le Grand, *Bétis* ou *Perceforêt* en est le héros; il achève la soumission des Bretons et fonde l'ordre du *Franc-Palais*, à l'occasion d'un magnifique tournoi.

(70) C'est la honteuse coutume appelée *droit du seigneur,* le *jus primæ noctis* qui, si on en croit Chapelain, existait encore en Normandie, au milieu du xviie siècle.

(71) La blanche Genièvre, femme d'Artus et amante de Lancelot; après la mort d'Artus, touchée de repentir, elle se retira volontairement dans un couvent, et son exemple fut imité par Lancelot.

(72) Le royaume de Logres désigne peut être une partie de la Grande-Bretagne, à l'est, occupée alors par les Logriens; selon l'auteur de l'*Histoire littéraire de la France*, tome XV, p. 259, le royaume de Logres est le nom de Londres.

(73) Achille et Patrocle, Pirithoüs et Thésée, sont connus pour leur étroite amitié.

(74) *Toxaris*, titre d'un dialogue très-célèbre du satirique grec Lucien, consacré spécialement à l'amitié.

(75) Michel Cervantes, dans son roman de *Don Quichotte* ou *Don Cuissard*, a fait la caricature de la chevalerie errante et surtout des romans qui s'en occupaient.

(76) Voyez principalement leur première entrevue; nous en avons déja parlé dans la note 24, p. 42. On sait que ce passage du livre de Lancelot, selon Dante, perdit Paolo Malatesta et Francesca Malatesta. Francesca, remarquable par sa grande beauté, était fille de Guido de Polenta, seigneur de Ravenne, et mariée à Lanceotto ou Lancelotto, fils de Malatesta, seigneur de Rimini. Lanceotto avait de la valeur, mais il était laid et contrefait, tandis que son frère, au contraire, était doué de tous les dons extérieurs. Épris pour sa belle-sœur d'un amour partagé, il fut surpris avec elle par le mari, qui les tua tous deux d'un seul coup.

(77) « En terme de Manége, quand on dit ce cavalier en disputant le prix de la bague a eu deux *dedans*, on entend qu'il a enlevé la bague deux fois, et une *atteinte*, c'est-à-dire qu'il y a touché. » (*Dictionnaire de Trévoux*, tome II, colonne 934.)

(78) *Béhourdis*, dit M. Littré dans son excellent *Dictionnaire de la langue française*, signifie tournois, combat à la lance, et est nommé ainsi du mot *behourt*, lance.

(79) « *Estour*, vieux mot et hors d'usage qui signifioit dans les anciens romans : *combat, assaut de ville*. On a dit autrefois *astourmir* pour dire *combattre*. On disait aussi l'estour des vents... d'où est venu le mot de *tourbillon*. Ce mot vient de *stormo*, italien qui signifie une assemblée de plusieurs personnes armées pour combattre. » (*Dictionnaire de Trévoux*, tome II, colonne 1987.)

(80) Le Cours-la-Reine, promenade alors à la mode, sur les bords de la Seine, entre les Tuileries et Chaillot. C'était le rendez-vous du beau monde. On y arrivait par la porte de la Conférence, située au bout de la terrasse des Tuileries. Cette promenade avait pris son nom de la reine Marie de Médicis, qui l'aimait beaucoup ; elle a été gravée par Israël Silvestre et par Perelle. Voir sur ce sujet la *Société française au XVIIe siècle*, par M. V. Cousin, tome II, chapitre XVI : *Divertissements*, p. 283-327.

(81) Il s'agit probablement ici de Louis Chantereau Lefèvre (1588 1658), célèbre jurisconsulte et historien. Outre ses études spéciales sur la Lorraine, où il fut longtemps intendant, Lefèvre a laissé un *Traité des fiefs et de leur origine*, avec les preuves, que son fils Denis publia en 1662, et une *Coutume de France*, conservée en manuscrit à la Bibliothèque impériale.

(82) Sengebère et non Seingeber, comme l'écrit la copie de l'Arsenal, était un docteur dont le nom allemand est Singebæhr ; il était de Brunswick et occupait une chaire de droit à Angers, où il fut professeur de Ménage, qui, plus tard, plaida pour son ancien maître dans un procès de séparation contre sa femme. Ce Sengebère a écrit contre le livre de Saumaise, de *Mutuo*, et il approfondit assez la matière pour, chose rare, faire que ce savant renonçât à lui répondre.

ACHEVÉ D'IMPRIMER
Pour la première fois à Paris

chez Jules Bonaventure

POUR AUG. AUBRY

le 1er mars 1870

OUVRAGES DU MÊME AUTEUR :

La Misère au temps de la Fronde et Saint-Vincent de Paul. 4ᵉ édition, in-12, 1868. (Mention très-honorable de l'Académie des Sciences morales et politiques, 1863.)

Histoire de la littérature grecque, in-12, 1865. (Médaille d'argent de la Société pour l'instruction élémentaire, 1865.)

Colbert, intendant de Mazarin, broch. in-8º, 1863.

Les Antécédents historiques du Congrès européen (1864), broch. in-8.

Abraham Fabert, le premier maréchal plébéien, br. in-8º, 1865.

Œuvres complètes du cardinal de Retz. (Dans la collection des *Grands Écrivains de la France*; 6 ou 7 vol. in-8º.) Cette édition comprendra les *Mémoires*, les *Pamphlets politiques*, les *Sermons*, les *Miscellanées*, la *Correspondance* et le *Lexique* de la langue de Retz :

Mémoires du cardinal de Retz, tome Iᵉʳ, in-8º, 1870.

www.ingramcontent.com/pod-product-compliance
Lightning Source LLC
LaVergne TN
LVHW022143080426
835511LV00007B/1229